U0932042

老子清靜經

〔唐〕杜光庭註
澄心譯

古籍書局
THE ANCIENT WORKS BOOK LIMITED

老子清靜經

作　　者：（唐）杜光庭 註；澄心 譯

責任編輯：謙　和

裝幀設計：抱一工作室

出　　版：古籍書局有限公司

香港尖沙咀金巴利道 53 號

E-MAIL：qiandedushu@qq.com

發　　行：香港聯合書刊物流有限公司

香港新界荃灣德士古道 220-248 號荃灣工業中心 16 樓

印　　刷：深圳市精一瑞蘭印刷有限公司

廣東省深圳市龍崗區南嶺龍山工業區 25 號 1-3

版　　次：2025 年 5 月第 1 版第 1 次印刷

定　　價：HK$ 48.00　NT$ 200.00

ISBN 978-988-71084-2-9

Published in Hong Kong，China

導 讀

《清靜經》，全稱《太上老君說常清靜經》，是道教經典之一。《清靜經》蘊含着深邃哲理，被譽為「道教心印」。該經成書前以口口相傳的方式流傳，直至東漢年間由葛玄筆錄成書。《清靜經》的思想淵源可追溯至老子的道家哲學，強調清靜無為、返璞歸真，對後世道教修行及哲學思想產生了深遠影響。

經文開篇，老君以「大道無形，生育天地；大道無情，運行日月；大道無名，長養萬物」來描述大道的無為而無不為。老子認為，道是無形、無情、無名的，它超越了一切具體的形態和屬性，卻又是一切存在的根源。道的運行既有清濁之分，又有動靜之別，這種對立統一的特性貫穿於天地萬物之中，也體現在男女、動靜的差異裏。大道的清靜是萬物的根源，而修行者若能回歸清靜，便能與天地合一，達到真正的自由與解脫。

老君指出，人的神本性好清，心本性好靜，但慾望和妄念常常擾亂內心的平靜。修行的關鍵在於遣除欲望，澄澈心靈，從而達到六欲不生、三毒（貪、嗔、癡）消滅的境界。通過內觀其心、外觀其形、遠觀其物，修行者逐漸領悟到萬物皆空，最終達到「湛然常寂」的狀態。這種狀態是真靜的體現，也是進入真道的起點。

修行者在清靜中應物、得性，保持內心的平靜與清靜。這種修行過程不僅是對自我的淨化，也是對大道的回歸。修行者雖名為「得道」，但實際上無所得，因為大道本無名無形。得道的真正意義在於化度眾生，傳播聖道。

《清靜經》全文共390餘字，但《中華道藏》第六冊所收杜光庭註解《清靜經》的經文是580餘字。本書所採用的《清靜經》經文即是杜光庭註解本的經文。

杜光庭對《清靜經》的註解，被收錄於《正統道藏》洞神部玉訣類，是理解《清靜經》的重要參考。

杜光庭（850—933），字賓至，號東瀛子，浙江縉雲人，是唐末五代時期著名的道教高道、學者和文學家，對後世道教的發展影響深遠，被譽為「道門領袖」。杜光庭自幼聰穎好學，博覽群書，志趣超邁。唐懿宗咸通年間，他應九經舉不中，遂棄儒入道，前往天台山拜道士應夷節為師，成為司馬承禎的第五代傳人，習「正一之法」，屬上清派。唐僖宗乾符初年，杜光庭因好友鄭畋推薦，被召入宮廷，賜紫服象簡，充麟德殿文章應制，成為內供奉，時人讚其「詞林萬葉，學海千尋，扶宗立教，天下第一」。中和元年（881），黃巢起義軍攻破長安，唐僖宗入蜀避難，杜光庭隨行。前蜀高祖王建建立前蜀後，非常賞識杜光庭，任命他為太子元膺之師，並稱讚他「昔漢有四皓，不如吾一先生足矣」。永平三年（913），杜光庭被任命為金紫光祿大夫、左諫議大夫，封蔡國公，賜號「廣成先生」。通正元年(916)，他又被遷任戶部侍郎。乾德五年(923)，前蜀後主王衍受道籙於苑中，任命杜光庭為「傳真天師」、崇真館大學士。晚年，杜光庭隱居青城山白雲溪，繼續潛心修道，相傳85歲時逝世。他一生著作豐富，包括《道德真經廣聖義》《道門科範大全集》《廣成集》《洞天福地岳瀆名山記》《青城山記》《武夷山記》《西湖古蹟事實》等，對道教教義、齋醮科範、修道方術等多方面進行了深入研究和闡發。

杜光庭在注解《清靜經》時，對經文逐句進行了解釋，強調「清靜」是修道的核心，認為「清者，元也；靜者，氣也；經則法也」，並指出通過清靜的修煉可以達到與道合一的境界。杜光庭的注解不僅闡釋了經文的字面意義，還結合道教的修行理論，對如何通過清靜修煉達到心靈的淨化和昇華進行了詳細闡述。他的注解風格深入淺出，既有理論闡述，又有實踐指導，對理解《清靜經》的深奧哲理具有重要價值。杜光庭注本的《清靜經》是一部兼具理論深度與實踐價值的經典注作，值得每一位對道教文化感興趣的讀者仔細研讀與體會。

此次出版的《老子清靜經》採用文白對照的形式，並在每條經文下增加了解讀，旨在幫助讀者更好地理解經文，從而在生活中更好地踐行。由於筆者水平所限，不妥之處，請讀者諸君指正。

lǎo zǐ qīng jìng jìng

老子清靜經

lǎo jūn yuē dà dào wú xíng shēng yù tiān dì dà
老君曰：大道無形，生育天地；大
dào wú qíng yùn xíng rì yuè dà dào wú míng cháng yǎng
道無情，運行日月；大道無名，長養
wàn wù wú bù zhī qí míng qiáng míng yuē dào fú dào
萬物；吾不知其名，強名曰道。夫道
zhě yǒu qīng yǒu zhuó yǒu dòng yǒu jìng tiān qīng dì zhuó
者，有清有濁，有動有靜；天清地濁，
tiān dòng dì jìng nán qīng nǚ zhuó nán dòng nǚ jìng jiàng
天動地靜。男清女濁，男動女靜。降
běn liú mò ér shēng wàn wù qīng zhě zhuó zhī yuán dòng
本流末，而生萬物。清者濁之源，動

zhě jìng zhī jī rén néng cháng qīng jìng tiān dì xī jiē guī
者靜之基。人能常清靜，天地悉皆歸。

fú rén shén hào qīng ér xīn rǎo zhī rén xīn hào jìng ér
夫人神好清而心擾之；人心好靜而

yù qiān zhī cháng néng qiǎn qí yù ér xīn zì jìng chéng qí xīn
慾牽之。常能遣其慾而心自靜，澄其心

ér shén zì qīng zì rán liù yù bù shēng sān dú xiāo miè
而神自清。自然六慾不生，三毒消滅。

suǒ yǐ bù néng zhě wèi xīn wèi chéng yù wèi qiǎn yě néng
所以不能者，爲心未澄，慾未遣也。能

qiǎn zhī zhě nèi guān qí xīn xīn wú qí xīn wài guān qí
遣之者，內觀其心，心無其心；外觀其

xíng xíng wú qí xíng yuǎn guān qí wù wù wú qí wù
形，形無其形；遠觀其物，物無其物。

sān zhě jì wù wéi jiàn yú kōng guān kōng yì kōng kōng
三者既悟，唯見於空；觀空亦空，空

wú suǒ kōng suǒ kōng jì wú wú wú yì wú wú wú jì
無所空；所空既無，無無亦無；無無既

wú zhàn rán cháng jì jì wú suǒ jì yù qǐ néng shēng
無，湛然常寂；寂無所寂，慾豈能生？

yù jì bù shēng jí shì zhēn jìng zhēn cháng yìng wù zhēn
慾既不生，卽是眞靜。眞常應物，眞

cháng dé xìng cháng yìng cháng jìng cháng qīng jìng yǐ rú
常得性；常應常靜，常清靜矣。如

cǐ qīng jìng jiàn rù zhēn dào jì rù zhēn dào míng wéi dé
此清靜，漸入眞道；既入眞道，名爲得

dào suī míng dé dào shí wú suǒ dé wèi huà zhòngshēng
道，雖名得道，實無所得；爲化衆生，

míng wéi dé dào néng wù zhī zhě kě chuánshèng dào
名爲得道；能悟之者，可傳聖道。

lǎo jūn yuē shàng shì wú zhēng xià shì hào zhēng
老君曰：上士無爭，下士好爭；

shàng dé bù dé xià dé zhí dé zhí zhuó zhī zhě bù
上德不德，下德執德。執著之者，不

míng dào dé zhòngshēng suǒ yǐ bù dé zhēn dào zhě wèi yǒu wàng
名道德。衆生所以不得眞道者，爲有妄

xīn jì yǒu wàng xīn jí jīng qí shén jì jīng qí shén jí
心。既有妄心，卽驚其神；既驚其神，卽

zhuó wàn wù jì zhuó wàn wù jí shēng tān qiú jì shēng
著萬物；既著萬物，卽生貪求；既生

tān qiú jí shì fán nǎo fán nǎo wàngxiǎng yōu kǔ shēn xīn
貪求，卽是煩惱；煩惱妄想，憂苦身心，

biàn zāo zhuó rǔ liú làng shēng sǐ chángchén kǔ hǎi yǒng
便遭濁辱，流浪生死，常沉苦海，永

shī zhēn dào zhēncháng zhī dào wù zhě zì dé dé wù dào
失眞道。眞常之道，悟者自得，得悟道
zhě chángqīng jìng yǐ
者，常清靜矣。

xiān rén gé xuán yuē wú dé zhēn dào céng sòng cǐ jīng
仙人葛玄曰：吾得眞道，曾誦此經
wànbiàn cǐ jīng shì tiān rén suǒ xí bù chuán xià shì wú
萬遍。此經是天人所習，不傳下士。吾
xī shòu zhī yú dōng huá dì jūn dōng huá dì jūn shòu zhī yú
昔受之於東華帝君。東華帝君受之於
jīn què dì jūn jīn què dì jūn shòu zhī yú xī wáng mǔ xī
金闕帝君，金闕帝君受之於西王母。西
wáng mǔ jiē kǒu kǒu xiāngchuán bú jì wén zì wú jīn yú
王母皆口口相傳，不記文字。吾今於
shì shū ér lù zhī shàng shì wù zhī shēng wéi tiān guān
世書而錄之。上士悟之，升爲天官。
zhōng shì wù zhī nán gōng liè xiān xià shì dé zhī zài shì
中士悟之，南宮列仙。下士得之，在世
chángnián yóu xíng sān jiè shēng rù jīn mén
長年，遊行三界，升入金門。

zuǒ xuánzhēn rén yuē xué dào zhī shì chí sòng cǐ jīng
左玄眞人曰：學道之士，持誦此經，

jí dé shí tiān shàn shén yōng hù qí rén rán hòu yù fú bǎo shén
卽得十天善神擁護其人。然後玉符寶神，

jīn yè liàn xíng xíng shén jù miào yǔ dào hé zhēn
金液煉形，形神俱妙，與道合眞。

zhèng yī zhēn rén yuē rén jiā yǒu cǐ jīng wù jiě zhī
正一眞人曰：人家有此經，悟解之

zhě zāi zhàng bù gān zhòng shèng hù mén shén shēng shàng
者，災障不干，衆聖護門。神升上

jiè cháo bài gāo zūn gōng mǎn dé jiù xiāng gǎn dì jūn
界，朝拜高尊。功滿德就，相感帝君。

sòng chí bú tuì shēn téng zǐ yún
誦持不退，身騰紫雲。

太上老君

【譯文】

太上老君

太者，大也。上者，尊也。高眞莫先，衆聖共尊。故曰太上老君。老者，壽也，明老君修天修地，自然長壽，故曰老也。君者，尊號也，道淸德極，故曰君也。以明老君爲衆聖之祖，眞神之宗，一切萬物莫不皆因老君所制，故爲宗祖也。

【譯文】

太，就是大的意思。上，就是尊貴的意思。在所有高深的真理中，沒有比它更優先的，眾聖都尊敬它。所以稱為太上老君。老，代表長壽，說明老君修煉天地，自然能長壽，所以稱為老。君，是尊貴的稱號，表示道的清淨和德行的極致，所以稱為君。這說明老君是眾聖的祖先，是真神的宗主，一切萬物都是因老君所創造，所以他是宗祖。

【解讀】

這段文字通過對「太上老君」稱謂的解釋，展現了它在道教信仰中的至高地位，以及其象徵的長壽、智慧和德行。

太上老君在道教中是「三清」之一，與元始天尊、靈寶天尊並列，是道教最重要的神祇之一。它被視為道的化身，代表著宇宙的本源和至高無上的智慧。通過這段文字，我們可以感受到道教對「道」的尊崇，以及對修行、長壽和德行的追求。

說常清靜經

【譯文】

講解《常清靜經》

此明清靜之理。且常者，法也。常能法則此經清靜也。清者，元也。靜者，氣也。經則法也，一則爲聖人之徑路，二則爲神仙之梯櫈。凡學道之人皆因經戒而成眞聖。聖人未有不假經戒而立，不因元氣而成道者也。此一章之句分爲二段，先明無形之道，次說運行之理，下明無名之法。第一明大道無形，第二明大道無情，第三明大道無名。第一明大道無形，能匠成天地，分判清濁。

【譯文】

這是講清靜的道理。常，指的是法則。能夠常常遵循法則，此經所講的清靜境界就能實現。清，指的是本源，靜，指的是氣息。經文就是法則，一方面是指引聖人修行的道路，另一方面是幫助神仙昇華的階梯。所有學道的人都是通過經典和戒律的約束才成為真正的聖人的。聖人沒有不依靠經文和戒律來成就的，也沒有不依靠元氣而成道的。這一章分為三段，首先闡明無形的大道，其次講述運行的規律，最後講無名的法則。第一段闡明大道無形，第二段闡明大道無情，第三段闡明大道無名。第一段闡明大道無形，能夠創造天地，區分清濁。

【解讀】

這段話是對《清靜經》核心思想和修行法則的闡

述，主要解釋了「清靜」的內涵、修行的路徑，以及修行的三個層次。

它強調了清靜的重要性，指出修行者需要通過理解和實踐經文的教導，逐步提升自己的境界。這種修行路徑既註重內在的修養，也強調外在的約束，體現了道家修行的全面性和系統性。

老君曰：大道無形，生育天地；

【譯文】

老君說：大道沒有具體的形態，但它孕育了天地；

道者，開口動舌、發言之詞也。又云：道者，虛無之炁也，混沌之宗，乾坤之祖，能有能無，包羅天地。道本無形，莫之能名。無形之形，是謂眞形；無象之象，是謂眞像。先天地而不爲長，後天地而不爲老；無形而自彰，無象而自立，無爲而自化。故曰大道。經云：視之不見。故曰無形。杳杳冥冥，其中有精；混混沌沌，分爲陰陽，故爲天地也。育者，養也。長養陰陽，故爲生育也。陽者，清也，上騰爲天。陰者，濁也，下潛爲地。天地者乃大道之子也。此一段明無情而運行，陰陽之用也。日月者，是陰陽之精氣也。

【譯文】

道，是指開口動舌、發言的詞語。又說：道，是虛無的氣，是混沌的根源，是天地的始祖，既能存在又能消失，包容天地。道本身沒有形狀，無法用名字來稱呼。沒有形狀的形狀，才是真正的形狀；沒有形象的形象，才是真正的形象。它先於天地存在卻不顯得古老，後於天地存在卻不顯得年輕；沒有形狀卻能自我顯現，沒有形象卻能自立，無所作為卻能自然變化。因此稱之為「大道」。經書上說：看它卻看不見，所以說它是無形的。它深遠幽暗，其中卻蘊含著精華；它混混沌沌，分為陰陽，因此形成了天地。育，是養育的意思。它滋養陰陽之氣，所以能夠生育萬物。陽，是清的，上升成為天；陰是濁的，下沉成為地。天地是大道之子。這一段説明了道雖然無情卻運行不息，是陰陽的作用。日月，是陰陽的精華之氣。

【解讀】

這段文字通過對「大道無形，生育天地」的解釋，揭示了道的無形本質及其孕育天地萬物的能力。

道雖然無形無象，但它是宇宙的根源，能夠自然運轉，分化陰陽，形成天地。陰陽之氣在道的作用下，化生萬物，日月則是陰陽精華的體現。通過這段解釋，我們可以理解道教中對道的崇高敬仰及其在宇宙生成中的核心地位。

大道無情，運行日月；

【譯文】

大道雖然無情，卻推動著日月的運行；

自無而生有，造化以成形。故天無精氣，無以制日月之明；地無精氣，無以制山嶽鎮焉；人無精氣，無以制身形之存焉。故曰日月稟陰陽之所運行。故知道之無情，隨機而所化。又云：天何言哉？四時行焉；地何言哉？萬物生焉。經云：用之不可既，無情而運行日月也。日月者，大道之用也。此一段明無名，而萬物自生，長養萬物。

【譯文】

從無中生出有，造化形成了具體的形態。因此，天如果沒有精氣，就無法控制日月的明亮；地如果沒有精氣，就無法穩固山岳；人如果沒有精氣，就無法維持身體的存續。所以說日月是依靠陰陽的運行而存在的。因此可知道雖然無情，卻隨著機緣而變化。又說：天說了什麼嗎？四季自然運行；地說了什麼嗎？萬物自然生長。經書上說：道的運用無窮無盡，它無情卻推動著日月的運行。日月，是大道的具體表現。這一段說明了道雖然沒有名字，但萬物自己生成，滋養著萬物。

【解讀】

這段文字通過對「大道無情，運行日月」的解釋，揭示了道的無情感性和自然運行的特性。

道雖然無情，但它通過陰陽的規律推動日月運行，維持天地萬物的秩序。道的作用是無為的，它不干預萬物的自然生長，但萬物卻依賴於道而存在。這種思想體現了道教對自然規律的尊重和對「無為而治」的哲學追求。

大道無名，長養萬物；

【譯文】

大道無名，卻滋養著萬物；

故元氣無形，不可名也。經云：道隱無名。乃生於天地。故曰：道生一，一生二，二生三，三生萬物。萬物者，五行之子孫也。三才者，萬物之父母也。道者，三才之祖宗也。故元氣清靜，不可常名也。凡學道之人且在觀宗察行，若能智性無礙，可以登涉大道之徑，游於三才之外，常人無所能知也。前章明無形無名，故能運行於日月。此兩句乃是太上之自稱，無名之名，強名爲道也。

【譯文】

因此元氣沒有形狀，無法用名字來定義。經書上說：道隱藏而無名。它是天地的源頭。所以說：道生出一，一生出二，二生出三，三生出萬物。萬物是五行的子孫。三才是萬物的父母。道是三才的祖宗。因此元氣清靜，無法用普通的名字來稱呼。凡是學道的人都要觀察根本、審視行為，如果能夠做到智慧通達、沒有障礙，就可以踏上大道的路徑，遊走於三才之外，這是普通人無法理解的。前一章說道無形無名，所以能夠在日月之間運行。這兩句是說太上的自稱，本來沒有名字，勉強稱之為「道」。

【解讀】

這段文字通過闡述「大道無名」的哲學思想，揭示了道的本質及其在宇宙生成中的核心地位，同時指出了修行者通過觀宗察行，達到與道合一的路徑。

道雖無形無名，但卻是一切萬物的根源和滋養者。文中通過「道生一，一生二，二生三，三生萬物」的描述，進一步闡釋了道與萬物的關係，強調了道的清靜特性。修行者通過觀宗察行，能夠逐步領悟道的宗旨，最終達到與道合一的境界。這種境界超越了常人的認知，是一種自由自在的狀態。

吾不知其名，強名曰道。

【譯文】

我不知道它的名字，勉強稱之為「道」。

吾者，我也。此明太上自言，吾不知其名，強名曰道。此故亦明上德不德，是以有德之義也。老君匠成天地，開闢乾坤，變化萬物，不言我爲緣。道法自然，不能名號。一則從有入無，或從無入有，隱顯無方，存亡自在，豈有常名之稱焉。故經云：吾不知誰之子，象帝之先。又云：吾不知其名，字之曰道。前兩句明太上之所自稱，緣道無名。此後九句明大道尊卑之體，以元炁淸靜，以天地男女爲喻。就此章中，分爲三段：第一明道分清濁動靜之喻；第二明天地男女動靜之機；第三明萬物本末之由。

【譯文】

吾，就是我。這裏說明太上自己說，我不知道它的名字，勉強稱之為「道」。這也說明了上德不刻意追求德，因此才真正有德的含義。老君創造了天地，開闢了乾坤，變化了萬物，卻不說自己是為了什麼。道效法自然，無法用名號來定義。它有時從有進入無，有時從無進入有，隱藏和顯現沒有固定的方式，存在和消亡都自在自如，怎麼可能有固定的名稱呢？因此經書上說：我不知道它是誰的孩子，它似乎在天帝之前就存在了。又說：我不知道它的名字，勉強稱它為「道」。前兩句說明太上自稱，因為道是無名的。之後的九句說明大道的尊卑本質，以元氣清靜為基礎，用天地和男女來比喻。在這一章中，分為三段：第一段說明道的清濁動靜的比喻；第二段說明天地男女動靜的機理；第三段說明萬物本末的緣由。

【解讀】

這段文字是對「吾不知其名，強名曰道」的注解和闡釋，主要從道的本質、太上的謙遜態度，以及道的無名性與自然性等方面展開。

道的本質是超越語言和名相的，它無法用具體的名字來定義，只能勉強稱之為「道」。道創造了天地萬物，但它的作用是自然無為的，存在和消亡都自在自如。學道的人需要理解道的無名性和自然性，才能真正踏上大道的路徑。這種思想體現了道教對自然規律的尊重和對「無為而治」的哲學追求。

夫道者，有清有濁，有動有靜；

【譯文】

道，有清有濁，有動有靜；

清者，天也，正陽之炁上騰爲天。濁者，地也，正陰之炁下結爲地。夫者，發語之詞也。夫道能淸能濁，能動能靜，以至大道無測，常名淸濁動靜，皆爲至道之用。幾日學道之士，若能明動靜之炁，安其位，則至道自來歸之。動靜合宜，故爲正色也。此四句與前三句俱明淸濁、動靜之理。並後二句，共成一章，以契至道尊卑之位、本末之由。於三段之中，第二段明男女淸濁之用、動靜之機。

【譯文】

清，指的是天，是正陽之氣上升形成的天；濁，指的是地，是正陰之氣下沉凝結成的地。夫，是發語詞，沒有實際意義。道道既能清澈也能渾濁，既能運動也能靜止，以至於大道深不可測，通常所說的清濁動靜，都是大道發揮作用的表現。凡是學道的人，如果能夠明白動靜之氣，安於自己的位置，那麼至道自然會歸附於他。動靜合宜，才能稱為正色。這四句與前三句共同闡明清濁、動靜的道理。再加上後兩句，共同構成一章，以契合至道的尊卑之位和本末之由。在三段之中，第二段說明男女清濁的作用和動靜的機理。

【解讀】

這段文字是對「夫道者，有清有濁，有動有靜」的解讀，主要從道的特性、清濁動靜的象徵意義以及修行者如何理解和運用這些原理等方面進行闡述。

道既有清濁之分，也有動靜之別，這些特性是道發揮作用的表現形式。修行者需要理解動靜的氣機，找到平衡，才能契合道的要求。這段文字不僅闡述了道的哲學思想，還為修行者提供了實踐的指導，體現了道教思想中對自然規律的尊重和對平衡的追求。

天淸地濁，天動地靜。男淸女濁，男動女靜。

【譯文】

天是清的，地是濁的；天是動的，地是靜的。男是清的，女是濁的；男是動的，女是靜的。

《列子》曰：天積炁爾，地積塊爾。天地相連，終不相離。自地以上皆是天也。有諸天諸地，其名不一。四面八天，上有三十二天、三十二帝，皆淸炁也。下有九地，九地之下謂之風水。風水之下，冥冥不測。自九地之上，上至諸天，皆出混元之圖也。《上淸經》云：諸方各有五億五萬五千五百五十重天，天地之數亦然。此乃以彰至道之尊，大無不包，細無不納也。男者，陽也；女者，陰也。夫人在於母腹之中受胎之日，皆稟天地陰陽之炁，以成其形，稟天地純陽之炁者，以成其男。十月之中，常在母左腋下者，男也。稟天地純陰之炁者，以成其女。十月之中，常在母右腋下者，女也。女之水性，極陰之炁，故爲靜也。男之火性，極陽之炁，故爲動也。動者飛升，上應於天。靜者濁滯，下應於地。故云天尊地卑，乾坤定矣；男尊女卑，陰陽分矣。故曰男動女靜。此二句明本末之由。與前七句合爲一章，義分三別。

【譯文】

《列子》中說：天由氣積累而成，地由土塊積累而成。天地相連，永遠不會分離。從地面往上都是天。有諸天諸地，它們的名稱各不相同。四面有八天，上面有三十二天和三十二帝，都是清氣。下面有九地，九地之下稱為風水。風水之下，幽深莫測。從九地之上，一直到諸天，都出自混元之圖。《上清經》中說：各方各有五億五萬五千五百五十重天，天地的數量也是如此。這是為了彰顯至道的尊貴，大到無所不包，小到無所不容。男，是陽；女，是陰。人在母腹中受胎的那一天，都稟受天地陰陽之氣，以形成其形體。稟受天地純陽之氣的人，成為男性。在十個月中，常在母親左腋下的是男孩。稟受天地純陰之氣的人，成為女性。在十個月中，常在母親右腋下的是女孩。女性的水性，是極陰之氣，因此表現為靜。男性的火性，是極陽之氣，因此表現為動。動的飛升，上應於天；靜的濁滯，下應於地。所以說天尊地卑，乾坤由此而定；男尊女卑，陰陽由此而分。因此說男動女靜。這兩句說明了本末的緣由。與前七句合為一章，意思分為三部分。

【解讀】

這段文字通過對「天清地濁，天動地靜。男清女濁，男動女靜」的解讀，從天地與男女的對應關係、陰陽屬性及其象徵意義等方面進行了詳細闡述。

天清地濁、天動地靜，男清女濁、男動女靜，這些對應關係不僅是對自然現象的描述，也反映了古人對宇宙和人類社會秩序的理解。這種思想體現了道教哲學中對自然規律的尊重，以及對陰陽平衡的追求。

降本流末，而生萬物。

【譯文】

從根本到末梢逐漸演化，從而生出了萬物。

本者，元也；元者，道也。道本包於元炁，元炁分爲二儀，二儀分爲三才，三才分爲五行，五行化爲萬物。萬物者，末也。人能抱元守一，歸於至道，復於根元，非返於末。末者化也；本者，生也。人能歸於根本，是謂調復性命之道者也。《南華眞經》云：生者，神凝也；死者，物化也。人能歸眞神，歸眞神是謂返本還源，不可逐物也。此一段四句明清濁之源、動靜之基，人能有道，道自然皆歸。

【譯文】

本，指的是元；元，指的是道。道的根本包含在元氣之中，元氣分為陰陽二儀，二儀分為三才，三才分為五行，五行化生為萬物。萬物，是末梢。人如果能抱守元氣、守住根本，回歸至道，就能回到根源，而不是停留在末梢。末梢是變化的結果；根本，是生命的源頭。人如果能回歸到生命的本源，這就叫調養恢復生命本真的道。《南華真經》中說：生，是因為精神凝聚；死，是因為身體回歸於自然萬物之中。人如果能回歸真神，回歸真神就是返本還源，不應追逐外物。這一段四句闡明清濁的源頭、動靜的基礎，人如果能夠有道，道自然會歸附於他。

【解讀】

這段文字通過對「降本流末，而生萬物」的解讀，揭示了萬物生成的哲學原理，以及修行者如何通過回歸根本來達到道的境界。

萬物從道生成，經過元氣、陰陽、三才、五行的演化，最終形成具體的存在。修行者應該追求根本，抱守元氣，回歸生命的本源，而不是沉溺於外在的變化。這種思想體現了道教哲學中對自然規律的尊重，以及對內在精神修養的重視。

清者濁之源，動者靜之基。人能常清靜，天地悉皆歸。

【譯文】

清是濁的源頭，動是靜的基礎。人如果能常保清靜，天地萬物都會歸附於他。

清者，天之炁也；濁者，地之炁也。皆因清濁之炁生育萬物。世人若求長生之道，煉陰爲陽，煉幾成聖，皆因清自濁之所生，動因靜之所起。清濁者，道之別名也。學仙之人能堅守於至道，一切萬物自然歸之。故《西升經》云：江河淮海，非欲於魚鼇、蛟龍，魚鼈蛟龍自來歸之。人能清虛，寡慾無爲，非欲於至道，至道自來歸之於人。但能守太和元炁，體道合眞，萬物悉皆歸耳。此四句明心神本來清靜，皆因世慾之所牽也。

【譯文】

清，是天之氣；濁，是地之氣。萬物都因清濁之氣而生。世人如果想求長生之道，煉陰為陽，煉凡成聖，都是因為清從濁中生，動從靜中起。清濁，是道的別名。學仙之人如果能堅守至道，一切萬物自然會歸附於他。因此《西升經》中說：江河淮海並不是為了魚鱉蛟龍而存在，但魚鱉蛟龍自然會歸附其中。人如果能清虛寡慾、無為而治，並不是刻意追求至道，至道自然會歸附於人。只要能夠守住太和元氣，體悟道與真，萬物都會歸附於他。這四句說明心神本來是清靜的，只是被世俗慾望所牽絆。

【解讀】

這段文字通過對清與濁、動與靜關係的闡述，揭示了萬物生成的自然規律，以及修行者通過保持清靜達到與道合一的境界。

清與濁、動與靜相互依存、相互轉化，修行者通過清虛寡慾、無為而治，去除世俗慾望的牽絆，回歸心神的本性，最終達到萬物歸附的境界。這種思想體現了道家哲學中對自然規律的尊重，以及對清靜無為修行方法的推崇。

夫人神好淸而心擾之；人心好靜而慾牽之。

【譯文】

人的精神本來是喜好清靜的，但心卻會擾亂它；人的心本來是喜好安靜的，但慾望卻會牽引它。

神者，妙而不測謂之神。心者，神也；神者，心也。心擾則神動，神動則心浮，心浮則慾生，慾生則傷神，傷神則失道。人能調伏其心，內安其神，外除其慾，則自然淸靜。謂下文也。此一段四句，明修行之功，遣慾澄心，自然淸靜也。

【譯文】

神，玄妙而不可捉摸，這就叫神。心，就是神；神，就是心。心被擾亂，神就會動搖；神動搖，心就會浮躁；心浮躁，慾望就會產生；慾望產生，就會傷害神；傷害神，就會失去道。人如果能控制好自己的心，保持內心平靜安寧，去除外在慾望，自然就能達到清靜的狀態。這就是下文所說的道理。這一段四句，闡明了修行的功夫，去除慾望、澄淨心靈，自然能夠達到清靜的狀態。

【解讀】

這段文字通過對精神與心靈關係的闡述，揭示了慾望對修行的干擾，以及修行者如何通過調伏心靈、去除慾望來達到清靜的境界。

精神與心靈本質上是同一的，但心靈的擾動會引發慾望，慾望的產生會傷害精神，最終使人失去道。因此，修行者需要通過調伏心靈、安定精神、去除慾望，回歸精神的本性，達到清靜的狀態。這種思想體現了道家哲學中對內在修養的重視，以及對慾望的克制和對自然本性的回歸。

常能遣其慾而心自靜，澄其心而神自清。

【譯文】

如果能常常去除慾望，心自然就會安靜；如果能澄清心靈，精神自然就會清明。

遣者，去除之喻也。人能去其情慾，內守元和，自然心神安靜。心既安靜，世慾豈能生焉？故引《西升經》之言，所謂教人修道，卽修心也；教人修心，卽修道也。故以令人絕利一源，修眞養性，次保心神安樂。故聖人云：修眞養性，載神扶命，則離苦升樂，福慶延流，而成眞道矣。此兩句爲一段，明修眞至神，六慾、三毒自然消滅。

【譯文】

遣，是去除的比喻。人如果能去除情慾，內守元氣，心神自然就會安靜。心安靜了，世俗慾望又怎能產生呢？因此引用《西升經》中的話，所謂教人修道，就是修心；教人修心，就是修道。所以讓人斷絕外物的誘惑，專注於修真養性，進而保持心神的安樂。因此聖人說：修煉身心，涵養性情，扶持元神，守護生命，這樣就能脫離苦難、升入安樂，福氣和喜慶就會不斷延續，最終就能成就真道。這兩句為一段，闡明了修真至神的境界，六慾、三毒自然會消滅。

【解讀】

這段文字通過「常能遣其慾而心自靜，澄其心而神自清」的解讀，闡述了去除慾望和澄淨心靈對修行的重要性，以及這種修行方法對達到心神安寧和精神清明境界的作用。

修行者通過去除情慾，內守元氣，保持心神的安寧，從而達到精神的清明和昇華。修道與修心是統一的，修行者通過修真養性，扶持精神，最終可以脫離苦難，進入安樂的境界，成就真道。這種思想體現了道家哲學中對內在修養的重視，以及通過去除慾望和雜念來達到精神淨化和昇華的修行方法。

自然六慾不生，三毒消滅。

【譯文】

六慾自然不會產生，三毒也會消失。

六慾者，六根也。六根者，是眼、耳、口、鼻、心、意也。慾者，染著之貌、情愛之喻。觀境而染謂之慾，故眼見耳聞，意知心覺。世人若能斷其情，去其慾，澄其心，忘其慮而安其神，則六慾自然消滅，豈能生乎？內神不出，六識不動，則六根自然清靜，故不生也。三毒消滅。三毒者，三塗之根、三業之祖也。三者，身、心、口也。人有身時，身有妄動之業，心有妄思之業，口有妄語之業。此三業又爲三毒。

又云，三毒者，乃三屍也，彭琚、彭瓚、彭矯。上屍好華飾，中屍好滋味，下屍好淫慾。人若能斷得其華飾，遠其滋味，絕其淫慾，去此三事，謂之曰三毒消滅。三毒旣滅，則神和、炁暢、精固，三元安靜，三業不生，自然清靜。三元者，上元、中元、下元也。上爲三境，生於萬物，天下三元掌人性命。且上元主泥丸腦宮，爲上丹田；中元主心府絳宮，則爲中丹田；下元主炁海，屬腎宮，爲下丹田。此之三元，上主於神，中主於炁，下主於精，故乃掌人之性命也。人若能絕其三業，保此三宮，更辯四時之炁，運轉精華，往來無窮，則三丹田固實，萬和柔順。心若太虛，內外貞白，皆因三屍消滅，除假留眞，乃爲清靜之道矣。前明修眞至神，六慾三毒自然消滅。此明迷惑未斷，而心有所染著，故未能窮於妙用。

【譯文】

六慾，指的是六根。六根，就是眼、耳、

口、鼻、心、意。慾，是染著的樣子、情愛的比喻。觀察環境而產生的影響和衝動被稱作慾望。所以當我們用眼睛去看、耳朵去聽時，心裏就會有所意識，心也會有所感覺。世人如果能斷絕情慾，去除慾望，澄清心靈，忘卻思慮而安定心神，那麼六慾自然就會消滅，怎麼會產生呢？內心保持平靜，不起波瀾，六識不被外界所動搖，六根自然就會清靜，所以不會產生六慾。三毒消滅。三毒是三塗的根源、三業的祖先。三，指身、心、口。人有身體時，身體有妄動的業，心有妄思的業，口有妄語的業。這三業又成為三毒。又説，三毒，是三屍，彭琚、彭瓚、彭矯。上屍喜歡華麗裝飾，中屍喜歡美味，下屍喜歡淫慾。人如果能斷絕華麗裝飾，遠離美味，斷絕淫慾，去除這三件事，就叫三毒消滅。三毒被消滅後，精神就會變得平和，氣息順暢，精力也會變得穩固，三元處於安寧的狀態，三業不再產生，自然達到清靜狀態。三元，是上元、中元、下元。上元為三境之首，生於萬物，天下三元掌管人的性命。而且上元主宰泥丸宮，為上丹田；中元主宰心府絳宮，為中丹田；下元主宰氣海，屬於腎宮，為下丹田。這三元，上元主宰神，中元主宰氣，下元主宰精，所以掌管人的性命。人如果能斷絕三業，保護這三宮，再調和四時的氣，運轉精華，往來無窮無盡，那麼三個丹田就會堅固結實，萬物都會柔和順從。心就像太虛，內外潔白無瑕，都是因為三屍消滅，去除虛假保留真實，這就是清靜之道了。前面講修真至神，六慾三毒自然消滅。這裏講迷惑未斷，而心有所染著，所以不能窮盡妙用。

【解讀】

這段文字通過對「自然六慾不生，三毒消滅」的解讀，深入闡述了六慾和三毒的內涵、它們對修行的阻礙，以及通過修行去除六慾和三毒的方法和境界。

六慾源於六根對外界的染著，三毒則是身、心、口的妄動、妄思和妄語。修行者通過斷絕慾望、澄清心靈、安定心神，保護三丹田，調和四時之氣，最終可以達到精神平和、氣息順暢、精力穩固的清靜境界。這種思想體現了道家哲學中對內在修養的重視，以及通過去除慾望和雜念來達到精神淨化和昇華的修行方法。

所以不能者，爲心未澄、慾未遣也。

【譯文】

之所以做不到，是因為心靈尚未澄清，慾望尚未去除。

人若能去前三業，則三屍滅，三屍滅則保其三丹田，三丹田固實則炁通暢，往來無窮，卽無世慾牽心，故爲清靜之道。若未能專勤志意，澄心絕慮，則心不能內修至道，難窮妙用之理，則無所制伏於心猿，卽漸失精神。精神旣失，則六根妄起，世慾牽纏。此謂自不能解於生死之羅，難出輪迴之網者也。前章明能與不能修習。此章獨明能修而不著，破執而成眞。九句正經，義分三別，合爲一段。

【譯文】

人如果能去除前面的三業，那麼三屍就會消滅，三屍消滅就能保護好三個丹田，三個丹田穩固則氣血通暢，循環無窮，就不會被世俗的慾望牽動內心，這就是清靜之道。如果不能專心致志，澄清心靈，斷絕雜念，那麼心靈就無法深入修煉達到至高無上的道境，難以領悟妙用的真諦，也就無法控制內心的雜念，逐漸失去精神。精神一旦失去，六根就會妄動，世俗的慾望就會糾纏不清。這就是自己無法解脫生死的束縛，難以逃脫輪迴的困境。前一章講明了能夠修煉與不能修煉的區別。這一章專門講明了能夠修煉但不執著，破除執念而成就真我。九句正經，意思分為三部分，合為一段。

【解讀】

這段文字通過對「所以不能者，為心未澄、慾未遣也」的解讀，進一步闡述了修行者在修煉過程中遇到障礙的原因，以及如何通過去除三業、三屍來達到清靜的境界。

修行者如果不能澄清心靈、去除慾望，就無法達到清靜的境界，最終陷入生死輪迴的困境。通過去除三業、穩固三個丹田，修行者可以達到氣血通暢、精神飽滿的境界，進而破除執念，成就真我。這種思想體現了道家修行中對內在修養的重視，以及通過去除雜念和執念來達到解脫和昇華的修行方法。

能遣之者，內觀其心，心無其心；

【譯文】

能夠驅除慾望的人，會向內觀察自己的內心，發現內心其實並沒有實質的存在；

人能斷情，絕食去慾，卽無三業之罪。不以專志，修於內行，守於絳宮，自內觀己心。心者，火也。故引《內觀經》之言，心者，火也，南方太陽之精，主於火也。上應熒惑，下應心也。心爲絳宮者，神也，妙用不測，變化無定，神明依泊，三葉如蓮花。又云，制之則正，放之則狂，淸靜則生，濁躁則亡。明照八表，暗迷一方。故使學人可以觀之者，心處於形內，不以形觀心。既使形觀，則爲二義。形者舍也，心者主也，舍不能觀主，故不可觀也。可使神觀心。神者炁之子，炁者神之母。但心意引炁，存神而觀之，自然感應。何以知之？古德云：爲使炁神，神之與心，炁之與道，不相遠離。故聖人設法教人，修道卽修心也，修心卽修道也。心無所著，卽無心可觀；既無心可觀，則無所用、無所修，卽凝然合道。故心無其心，乃爲清靜之道矣。

【譯文】

人如果能斷絕情慾，節制飲食，去除慾望，就不會犯下三業之罪。如果不專注於外在的追求，修養內在的品行，守護絳宮，向內觀察自己的心。心，如同火一樣。因此引用《內觀經》中的話，心，就如同火，是南方太陽的精華，主宰火的力量。上與熒惑星相對應，下與人心相對應。心作為絳宮，是人的精神所在，其妙用不可測度，變化無常，神明依附於此，如同三葉蓮花。又說，控制心就能正直，放縱心就會狂亂，清靜就能生存，濁躁就會滅亡。心能照亮八方，也能使一方陷入黑暗。所以讓修學者能夠觀察內心的方法是，心隱藏在形體之內，不應只通過形體來觀察心。如果用形體來觀察心，就會產生兩個概念。形體是載體，心是主宰，形體不能觀察主宰，所以不能這樣觀察心。應該讓神來觀察心。神是炁之子，炁是神之母。只要用心意引導氣息，集中精神去觀察，自然會產生感應。怎麼知道這一點呢？古代的大德說：為了讓炁和神相協調，神與心，炁與道，都不應該相互遠離。所以聖人想辦法教導人們，修道就是修心，修心就是修道。心中沒有執著的東西，就沒有心可以觀察；既然沒有心可以觀察，就沒有什麼需要追求、沒有什麼需要修的了，這樣就能與道合一。

因此心中如果沒有執著於心的念頭，就達到清靜之道了。

【解讀】

這段文字通過對內觀修行的闡述，揭示了修行者如何通過去除慾望和雜念，達到心靈的清靜和無執著。內觀修行需要從去除外在的慾望開始，通過調和氣息、集中精神來觀察內心。

心如同火，具有高度的靈活性和變化性，修行者需要通過控制心來保持正直和清靜。修道與修心是統一的，修行的最終目標是心靈的空靈和無執著，從而與道合一。這種思想體現了道家修行中對內在修養的重視，以及通過內觀來達到精神淨化和昇華的方法。

外觀其形，形無其形；

【譯文】

向外觀察自己的形體，形體其實也沒有實質的存在；

心者形之主，形者心之舍。形無主則不安，心無舍則不立。心處於內，形見於外。內外相承，不可相離。心形俱用，不可觀執。凝然混沌，有若無形，亦非無也。若非無心，豈能忘於形體乎？心忘形體，故日無心。本經云：吾有大患，爲吾有身。及吾無身，吾有何患？心之與形，動無所染，靜而無著，此謂形無其形也。

【譯文】

心是形體的主宰，形體是心的居所。形體沒有主宰就會不安定，心沒有居所就無法立足。心存在於內在，形體顯現於外在。內外相互依存，不可分離。心和形體共同作用，不可執著於觀察。凝然處於混沌狀態，看似無形，但也不是完全不存在。如果不是無心，怎麼能忘卻形體呢？心忘卻形體，所以稱為無心。本經中說：我最大的憂患，是因為我有形體。等我沒有形體時，我還有什麼憂患呢？心與形體，動時不受污染，靜時無所執著，這就是所謂的形無其形。

【解讀】

這段文字通過對「外觀其形，形無其形」的解讀，闡述了心與形體之間的關係，以及修行者如何通過忘卻形體來達到無心的境界。

心是形體的主宰，形體是心的居所，二者相互依存但又不可執著。修行者通過超越對形體的執著，達到心靈的自由與清靜。這種思想體現了道家哲學中對內在修養的重視，以及通過忘卻形體來達到超越和解脫的修行目標。

遠觀其物，物無其物。

【譯文】

遠觀萬物，萬物其實也沒有實質的存在。

五行造化謂之物。又云，塊然有凝謂之形。幾有形質者，俱謂之物也。物無其物者，謂之眞，眞空也。本經云：恍兮惚兮，其中有物。物者，道之妙用也，非世之常物。

【譯文】

五行的生成變化稱為物。又說，凝結成塊的稱為形。凡是有形體和質地的，都稱為物。物無其物，稱為真，也就是真空。本經中說：恍惚之中，似乎有物的存在。這裏的物，是指道的妙用，並非指世間常見的物體。

【解讀】

這段文字通過對「遠觀其物，物無其物」的解讀，探討了萬物的本質以及道的妙用，揭示了道家哲學中對萬物虛幻性和道的超越性的理解。

萬物雖然由五行生成，具有具體的形體和質地，但從更高的層次來看，它們的本質是虛幻的。修行者通過遠觀萬物，認識到萬物的虛幻性，從而超越對具體事物的執著，達到「真空」的境界。這種思想體現了道家哲學中對超越形體和物質世界的追求，以及對道的妙用的深刻理解。

三者既悟，唯見於空；

【譯文】

三者都被透徹理解後，唯一能見到的就是空；

三者，心、形、物也。內外中間，俱無所著，是名無爲。既入無爲，是名空法。空者，道之用也。有用有著，不名於道矣。前一段分三事。此一段獨明無空寂，雖名空寂之理，則俱無所著，卽爲眞道也。此一章六句，合爲一段。

【譯文】

三，是指心、形、物。無論是內在、外在還是中間，都不執著於任何事物，這就稱為無為。一旦進入無為的境界，就稱為空法。空，是道的作用。如果一個人心中有具體的用途，或者對事物有所執著，那就不能稱為真正的道了。前一段分為三件事。這一段專門闡述了無空寂的道理，雖然被稱為空寂之理，但其實是無所執著，這就是真道。這一章六句，合為一段。

【解讀】

這段文字通過對「三者既悟，唯見於空」的解讀，闡述了修行者在透徹理解心、形、物三者之後，達到無所執著的「空」境界的過程。它強調了「無為」和「空」的重要性，並揭示了道的運用與修行的最終目標。

無為是修行者對心、形、物無所執著的實踐，而空法則是在這種實踐基礎上對「空」的領悟。修行的最終目標是超越具體形式和執著，達到空的境界，從而領悟道的本質。這種思想體現了道家哲學中對超越形體和物質世界的追求，以及對道的運用和實踐的深刻理解。

觀空亦空，空無所空；

【譯文】

觀察空性，發現空性本身也是空的，空性沒有實質的存在；

空者，眞空也。空法之相，乃有二種：有大空，有小空。大空者，無爲不爲之理。小空者，破有歸無，以無爲爲無，是名小空。此二空俱無，卽自然不染正性，乃成眞道也。空無大小，亦無所去，有著卽顯，無著卽隱。空法之相，卽隨影而見形，若言無見卽斷滅。其法長存，如水似鏡，在人之身，掌人之性命。凡居有質，皆藉道以成形。一切物類，無不從道而生。大道坦然，常存於物，非爲斷滅者也。

【譯文】

空，指的是真空。空法有兩種表現形式：一種是大空，一種是小空。大空，是指無為而治、順應自然的法則。小空，是指破除有而歸於無，把無當作無，這就是小空。這兩種空都不存在，自然就不會污染純淨的本性，從而成就真道。空沒有大小之分，也不會去任何地方，有執著就會顯現，無執著就會隱藏。空法的表現，就像影子隨形，如果說看不見就是斷滅。這種法則長存，像水和鏡子一樣，存在於人的身體中，掌管人的性命。凡是有形質的存在，都依賴道而形成。所有的事物，沒有一個不是從道中產生的。大道是寬廣永恒的，它一直存在於萬物之中，並不是要斷絕或消滅什麼。

【解讀】

這段文字通過對「觀空亦空，空無所空」的解讀，深入探討了「空」的本質及其在修行中的意義，揭示了道家哲學中對「空」與「道」的深刻理解。

修行者通過超越對「空」的執著，達到無執著的狀態，從而領悟道的本質。空法的表現就像影子隨形，始終存在但無形，它通過萬物展現其存在。這種思想體現了道家哲學中對超越形體和物質世界的追求，以及對道的永恆性和普遍性的深刻理解。

所空既無，無無亦無；

【譯文】

所空的已經不存在，連「無」的概念也不存在；

空者，亦非大非小，喻如道性，本無長短，亦無塵垢；悟卽謂之眞空，不悟謂之假相，非爲至道。《上清經》云：空假之相，還復成假，天尊慈悲，乃立空假之相，善巧方便，隨機應化，教導人天，皆歸至道。所說空相，亦非空相。空相是道之妙用，應道用卽有，不用卽無。非無非有，非名爲道。道本無形之形，眞之能名；德本無象之象，是謂眞像。

杳杳冥冥，其中有精，其精甚眞，非無爲也。萬法俱無，是爲空無。空無之道，亦非自然。破此空無，還歸於無無也。

【譯文】

空，既不是大也不是小，就像道的本性，本來沒有長短，也沒有塵垢；領悟了就叫真空，沒有領悟就叫假相，這並不是真正的道。《上清經》中說：空假之相，最終還是會變成假相，天尊慈悲，於是設立空假之相，作為一種巧妙方便的方法，根據不同的情況，來教導人和天都回歸至道。所説的空相，也不是真正的空相。空相是道的妙用，發揮作用時就有，不發揮作用時就無。它既不是無也不是有，不能用名字來定義。道本來是沒有形狀的形狀，真實的才能命名；德本來是沒有形象的形象，稱之為真像。它在幽深渺遠、難以捉摸的境界中，存在著一種精微的本質。這種精微的本質非常真實，並不是虛無的無為狀態。萬法都不存在，這就是空無。然而，這種空無的境界也不是自然而然的。打破這種空無的境界，就回歸到無無的狀態了。

【解讀】

這段文字通過對「所空既無，無無亦無」的解讀，深入探討了「空」與「道」的本質，揭示了修行者如何通過超越「空」的概念，達到更高層次的「無無」境界。

空並非絕對的虛無，而是道的一種表現形式。修行者需要通過悟性，超越對「空」的執著，達到無分別、無執著的境界。這種思想體現了道家哲學中對超越形體和概念的追求，以及對道的本質的深刻理解。

無無既無，湛然常寂；

【譯文】

連「無無」的概念也不存在，清澈而永遠寂靜；

無無者，無執也。雖無執見，歸於寂法。寂法亦無，非爲寂也，亦非空也，亦非無也。非空爲空，謂之眞空。非無爲無，是無中之法。法亦俱無，歸於眞寂。眞寂亦無，非爲無法，不有不無，非空非色。假名稱見，化導衆生。種種分別，皆爲執見。執見既無，名曰自然。淸靜非爲空寂之法，空寂既無，則湛然常存，豁然無礙，卽謂之眞常之道也。前六句明空寂之理。此一段四句，明空寂俱無，自然無慾，卽成眞道也。

【譯文】

無無，指的是沒有執著。雖然沒有執著的見解，但回歸到了寂靜的法則。寂靜的法則也不存在，不是寂靜，也不是空，也不是無。不是空而稱為空，這就是真空。不是無而稱為無，這是無中的法則。法則也不存在，回歸到真正的寂靜。真正的寂靜也不存在，不是沒有法則，不是有也不是無，不是空也不是色。假借名稱來引導眾生。各種分別，都是執著的見解。一旦沒有了執著的見解，就叫自然。清靜不是空寂的法則，空寂不存在，清澈就永遠存在，豁然開朗而無障礙，就叫真常之道。前六句講空寂的道理。這一段四句，講空寂都不存在，自然沒有慾望，就成就了真道。

【解讀】

這段文字通過對「無無既無，湛然常寂」的解讀，進一步探討了「無」的境界以及修行者如何通過超越「無」的概念，達到真正的「真寂」狀態。

真正的境界是超越一切分別和執著的，既不是「空」，也不是「無」，而是一種無法用語言描述的狀態。這種境界被稱為「真常之道」，是修行者的最終目標。這種思想體現了道家哲學中對超越形體和概念的追求，以及對道的本質的深刻理解。

寂無所寂，慾豈能生？

【譯文】

寂靜到無所寂靜的境界，慾望怎麼還能產生呢？

此明法相皆歸寂滅，眞道自然，長存不去，無著無慾，自然成道也。

【譯文】

這說明一切法相都回歸寂滅，真道自然存在，永遠不會消失，無執著無慾望，自然成就道。

【解讀】

這段文字通過對「寂無所寂，慾豈能生？」的解讀，揭示了修行者在達到寂靜無執著的境界時，慾望無法產生的道理。

真正的寂靜是超越一切分別和執著的，這種狀態下慾望無法滋生。修行者通過超越對「寂靜」的執著，達到一種自然、無為的狀態，最終成就道。這種思想體現了道家哲學中對自然、無為、無執著的追求，以及對道的本質的深刻理解。

慾既不生，卽是眞靜。

【譯文】

慾望既然不產生，就是真正的靜。

眞靜者，自然無慾也。有慾則患生，無慾則道生。本經云：吾有大患，謂五有身。及吾無身，吾有何患？無身者，無慾也，無慾謂之眞身。眞身者，道身也。前四句明無慾無寂。此四句明眞性之道，隨機應物，無所不應，自然清靜。

【譯文】

真正的靜，是自然沒有慾望。有慾望就會產生憂患，沒有慾望就會產生道。本經中說：我最大的憂患，是因為我有身體。等我沒有身體時，我還有什麼憂患呢？沒有身體，就是沒有慾望，沒有慾望就稱為真身。真身，就是道身。前四句講無慾望無寂靜。這四句講真性之道，隨機應對萬物，無所不應，自然清靜。

【解讀】

這段文字通過對「慾既不生，即是真靜」的解讀，闡述了慾望與真正寂靜之間的關係，以及修行者如何通過去除慾望達到真正的寂靜和道的境界。

真正的寂靜並非外在的安靜，而是內心無慾的狀態。當修行者去除慾望時，自然達到寂靜，道也會隨之顯現。這種狀態被稱為「真身」或「道身」，是修行者通過超越對身體和慾望的執著而達到的與道合一的境界。這種思想體現了道家哲學中對自然、無為、無執著的追求，以及對道的本質的深刻理解。

眞常應物，

【譯文】

用不變的理來應對萬事萬物，

眞者，體無增減，謂之眞。常者，法也。常能法則，謂之眞常之法也。法則眞常，應物隨機，而化導衆生，無所不應於物，道之物也。常者，道之法也。應者，道之用也。法用無有，皆爲常道，常道之中，自有眞應之道。故云眞常應物，道之妙用也。

【譯文】

真，是指本體沒有增加或減少，稱之為真。

常，是指法則。能夠遵循這個法則，就稱之為真常之法。遵循真常之法，隨機應變地教化，從而教化和引導眾生，對任何事物都能做出相應的響應，這就是道的體現。常，是道的法則。應，是道的應用。法則和應用都沒有固定形式，都是常道的一部分，常道之中，自然包含了真正的響應之道。所以用不變的理來應對萬事萬物，是道的妙用。

【解讀】

這段文字對「真常應物」的解讀，揭示了道家哲學中關於「真常」與「應物」的深刻內涵，強調了修行者在達到無慾、無執著的境界後，如何以自然、無為的方式應對萬物。

修行者通過去除慾望、達到內心的清靜，能夠以自然、無為的方式應對萬物，而不被外物所擾。這種境界被稱為「真道」，修行者雖然名為「得道」，但實際上並沒有得到什麼具體的東西，因為道的本質是無為、無執著。

眞常得性；

【譯文】

真常能夠獲得本性；

凡欲得成眞性，須修常性。而爲道性得者，動也。動其本性，謂其得性也。

【譯文】

凡是想要成就真性，必須修習常性。而能夠獲得道性的人，是因為能夠行動起來。行動觸動本性，才算真正獲得了本性。

【解讀】

這段文字通過對「真常得性」的解讀，揭示了修行者如何通過修習常性來成就真性。

真性是修行者的最終目標，而常性則是修行的路徑。修行者需要通過實際行動來觸動本性，回歸道的本質。這種思想體現了道家哲學中對自然法則的尊重，以及通過實踐來成就本性的修行理念。

常應常靜，常清靜矣。

【譯文】

常應對萬物，常保持靜，就能常清靜。

既在道性，本求清靜，自然應物，常用於世，無染無著，無垢無塵，隨機而化。本經云：上善若水。水善利萬物。又云：和其光，同其塵，湛兮似或存。存者，道也。本清靜常應，而無所不應，隨方而無所不靜。故云常清靜矣。此一段六句，標前清靜之性，道性既清靜，乃得眞性；既得眞性，返歸於無得之理也。

【譯文】

既然在道性中，本來追求清靜，自然應對萬物，常應用於世間，無污染無執著，無污垢無塵埃，隨機而變化。本經中説：最高的善像水一樣。水善於利益萬物。又説：調和光芒，與塵埃共存，深沉而寧靜得彷彿存在又彷彿不存在。存在的，是道。本來就是清靜的，常常順應自然，沒有什麼不能應對的，隨著各種環境的變化都能保持內心的平靜。所以説常清靜。這一段六句，標示了前面所説的清靜之性，道性既然清靜，就能獲得真性；獲得真性後，就能返回到無得的境界。

【解讀】

這段文字通過對「常應常靜，常清靜矣」的解讀，揭示了修行者如何通過順應自然、應對萬物，同時保持內心的寧靜，達到真正的清靜境界。

道性是修行的基礎，而清靜是修行的目標。修行者通過無為而治，順應自然，最終達到無所不應、無所不靜的境界。這種思想體現了道家哲學中對自然、無為、清靜的追求，以及通過修行回歸無得之理的哲學理念。

如此淸靜，漸入眞道；

【譯文】

能如此清靜，就能逐漸進入真道；

此言淸靜之性，名爲眞道。經中不言，令人須假性修，漸進而成眞也。眞者，能長能久，不增不減，與天地齊壽，故爲眞道也。

【譯文】

這裏說的清靜本性，稱之為真道。經中沒有明說，讓人必須借助本性修行，逐漸進步而成就

真道。真道，能夠長久存在，不增不減，與天地同壽，所以稱為真道。

【解讀】

這段文字通過對「如此清靜，漸入真道」的解讀，揭示了修行者通過清靜的修習，逐步進入真道的過程。

清靜是修行的基礎，而真道是修行的最終目標。真道具有永恆不變的特性，與天地同壽。修行者通過不斷地修煉清靜，逐步達到真道的境界。這種思想體現了道家哲學中對清靜、無為的追求，以及通過漸進的修行達到永恆境界的理念。

既入眞道，名爲得道，

【譯文】

一旦進入真道，就稱之為得道，

既入眞道，名悟修眞。煉凡成眞，煉眞成神，神眞者，道也。故與天地同壽，日月齊明，造化萬物，故名爲得道也。

【譯文】

一旦踏入了真正的修行之道，就可以説是明白了如何修煉成真。通過修煉，可以將凡人之軀轉化為真身，再由真身進一步修煉成為神。這裏的神真，就是道。所以與天地同壽，與日月同輝，創造萬物，這就是所說的得道。

【解讀】

這段文字對「既入真道，名為得道」的解讀，闡述了修行者進入真道後的境界和意義，強調了得道的本質和修行的最終目標。

得道是修行者通過煉凡成真、煉真成神的過程，最終達到與道合一的境界。得道者不僅超越了凡俗的限制，達到了永恆和光明的境界，還能參與萬物的造化，與道共同作用於宇宙。這種思想體現了道家哲學中對修行的最高追求，以及對道的本質的深刻理解。

雖名得道，實無所得；

【譯文】

雖然說是得道了，實際上並沒有得到什麼；

道者，無得無失，亦無常形。本經云：道本無形，莫之能名。故云雖名得道，實無所得也。大道常存，亦無去住。又云：上德不德，是以有德。前明眞性之道返歸無得之理。此明大聖立教，以無名之名，強名爲道，教導人天，應接群品，雖無正形，悟者必得。

【譯文】

道，是一種沒有得失，也沒有固定形態的東西。本經中説：道本來沒有形狀，無法命名。所以説雖然説是得道了，實際上並沒有得到什麼。大道常存，也沒有來去。又説：最高尚的德追求形式上的德，所以有德。前面講真性之道返回到無得的道理。這裏講大聖設立教法，用了一個沒有具體名稱的名，勉強命名為道，教導人和天，應對各種眾生，雖然沒有固定的形態，但領悟的人必定得到真諦。

【解讀】

這段文字通過對「雖名得道，實無所得」的解讀，揭示了道的本質以及修行者對道的領悟。它強調了道的無形無象、無得無失的特性，以及修行者在悟道過程中的境界。

道是無形無象的，超越了具體的形式和屬性，修行者通過無為而治，達到與道合一的境界。雖然被稱為「得道」，但實際上並沒有得到什麼具體的東西，因為道的本質是無得無失的。這種思想體現了道家哲學中對道的深刻理解，以及修行者通過自然、無為的方式達到與道合一的境界。

爲化衆生，名爲得道；

【譯文】

為了教化眾生，所以稱之為得道；

化者，返以守眞謂之化。化者是遷變之義，逐換應見之名。化別種種，應見容儀，有無莫測，誘化時人。誘化者，指事爲喻，恒勸開悟教道之名。普令後學之人捨惡從善，惜身保命。故要歸於聖教，只如太上西化流沙八十一國，亦法視相；或見大人，身長千丈，或見小人，身長丈八，變見無方，易形改號。或爲金仙，或曰梵仙，隨方設化，同體異名。教人修道，去妄成眞，乃立清靜之教，皆爲化也。應見降生於太清，渦水之右，眞源之左，九井長存，雙檜猶在，見其道相，以化人天。又《聖紀經》云：老君自上古混沌初分，或以未分，開闢天地，安置日月星辰，分配五行，造化萬物，代代不休。爲天王之師，時人莫能知之，非獨爲西國演化。所言道本自然，無所不入，十方諸天，莫不皆弘至道。普天之內，皆爲造化。蠢動含生，皆有道性。若能明解，卽名爲得道者也。

【譯文】

化，就是通過回歸本真來實現轉變，這被稱為化。化是變遷的意思，它不斷變換應對的名稱。化有各種形式，展現不同的容貌儀態，讓人難以捉摸，以此來引導和教化當時的人們。誘導教化，是用具體事物作比喻，不斷地勸導人們開啟智慧，傳授教導。普遍讓後學的人捨棄惡行，追求善行，珍惜生命，保全自身。所以這種教化要歸於聖教，就像太上老君在西方教化流沙河周圍的八十一個國家一樣，他也是通過觀察外在的表現來進行教化的；有時顯現為巨人，身高千丈，有時顯現為小人，身高一丈八，變化無常，改變形體和名號。有時成為金仙，有時成為梵仙，他根據不同地方設立不同的教化方式，雖然本質相同，但形式卻有所不同。他教導人們修道，去除虛妄，成就真性，於是設立清靜的教法，都是為了教化。這種教化還體現在他應化降生於太清，位於渦水的右邊，真源的左邊，那裏有九口井一直存在，兩棵檜樹也還在通過展現道的象征來教化人和天界。而且《聖紀經》中說：老君自從上古宇宙還處於混沌狀態，或者在那混沌尚未分開的時候，老君就開始開闢天地，安置日月星辰，分配五行元素，創造和化育萬物，一代一代從未停歇。作為天王的老師，當時的人無法理解，不僅僅是為了西國演化。所説的道本來自然，無所不入，十方諸天，無不弘揚至道。普天之下，都是造化。一切有生命的生物，都有道性。如果能夠明白理解，就可以説是得道者了。

【解讀】

這段文字對「為化眾生，名為得道」的解讀，揭示了道家修行中「得道」的本質和目的，強調了「得道」並非個人成就，而是為了教化眾生、引導他們回歸真性。

得道並非個人的成就，而是一種使命和責任。得道者通過多種方式教化眾生，引導他們遠離惡行，回歸善道，最終達到清靜和解脱。這種思想體現了道家哲學中對自然、無為、教化的深刻理解。

能悟之者，可傳聖道。

【譯文】

能夠領悟的人，可以傳承聖道。

悟者，覺也，猶通也。通者，達也。凡學仙之士，若悟眞理，則不以西竺、東土爲名，分別六合之內，天上地下，道化一也。若悟解之者，亦不以至道爲尊，亦不以象教爲異，亦不以儒宗爲別也。三教聖人，所說各異，其理一也。本經云：同出而異名。又云：道生一，一生二，二生三，三生萬物。能悟本性，非分別所得也。但能體似虛無，常得至道歸身，內修清靜，則順天從正，外合人事，可以救苦技衰。以此修持，自然清靜。傳者，付度之名也。人能清靜，至道自來，不求而得，不學而成。本經云：天道無親，常與善人。清靜自然，聖道歸身。所以言可傳聖道也。凡此一段，前獨標無爭無德。後學衆生皆執偏見，妄情所起，失道迷源。老君又徹其前意，以上下有殊，乃破執性。

【譯文】

悟，就是覺悟，也就是通達。通，就是達到。凡是學仙的人，如果領悟真理，就不會以西竺、東土為名，分別天地之間，天上地下，道化是一樣的。如果能夠悟解，也不會以至高無上的道為尊，也不會把佛教的象形教義看作是與眾不同的，更不會把儒家的學說看作是另外一回事。二教聖人，所說的各有不同，但道理是一樣的。本經中說：它們出自同一個源頭但名稱不同。又說：道生一，一生二，二生三，三生萬物。能夠領悟本性，不是通過分辨和分析所能達到的。只要能夠體會虛無，常常得到至道歸於自身，內修清靜，就能順應天意，遵從正道，外合人事，可以救苦救難。以此修持，自然清靜。傳，是付度的名稱。人能夠清靜，至道自然會來，不求而得，不學而成。本經中說：天道無親，常與善人。清靜自然，聖道歸於自身。所以說可以傳承聖道。這一段，前面專門説明了無爭無德的道理。後學的眾生都執著偏見，妄情所起，失去道，迷失源頭。老君又徹底解釋了前面的意思，因為上下有差別，所以破除執著的本性。

【解讀】

這段文字對「能悟之者，可傳聖道」的解讀，闡述了悟道的本質、修行者的境界以及傳承聖道的條件。它強調了悟道的重要性，以及修行者在領悟真理後，如何超越偏見，達到與道合一的境界。

修行者通過內修清靜，達到與道合一的境界，自然能夠傳承聖道。這種思想體現了道家哲學中對自然、無為、清靜的追求，以及通過修行達到與道合一的理念。

老君曰：上士無爭，下士好爭；

【譯文】

老君說：上士不爭，下士喜歡爭；

爭，求靜也。所言上士好爭處而求安，靜本性而自靜。爭者，執有也。上士不執有見，非爲喧爭也。緣下士求達本性，故好爭而求靜，以其執見而求之者也。是名能體道合眞者，不著於耳、目、鼻、口、身、意之病，亦不著於鹹、苦、辛、甜之味，亦不著於宮、商、角、徵、羽之音。此之執見皆非本性。此者下士好爭之理，諸見無心，豈有爭乎？人若無爭，爲淸靜也。

【譯文】

爭，是爲了追求靜。所說的上士喜歡在爭執的地方追求安寧，靜守本性而自然安靜。爭，是執著於有。上士不固執己見，並不是因爲他們喜歡爭吵或爭論。因爲下士想要達到領悟本性的境界，所以他們喜歡爭論以求得內心的平靜，這是因爲他們執著於自己的見解而去追求的緣故。這稱之爲能夠體會道並與眞合一的人，不執著於耳、目、鼻、口、身、意的病，也不執著於鹹、苦、辛、甜的味道，也不執著於宮、商、角、徵、羽的音調。這些執著的見解都不是本性。這是下士喜歡爭執的緣故，所有見解都沒有心，怎麼會有爭執呢？人如果沒有爭執，就是淸靜。

【解讀】

這段文字對「上士無爭，下士好爭」的解讀，揭示了修行者在不同層次上的境界和行為表現，強調了「無爭」作為修行的重要品質。

上士通過內在的修行達到平靜，不執著於外在的成就，因此不會陷入爭鬥。下士則因為執著於外在的成就，試圖通過爭鬥來達到內心的平靜，但這種做法是徒勞的。真正的修行是去除一切外在的執著，回歸本性，達到內在的平靜和清靜。這種思想體現了道家哲學中對無為、無執著的追求，以及通過內在修行達到清靜的境界。

上德不德，下德執德。

【譯文】

具有上等德行的人不刻意追求德行，下等德行的人則執著於形式上的德。

德者，貴也，有名稱也。上德者，明上古之君本無名號，亦無所稱，故言不德。本經云，上德無爲者，道德所稱也。又云，有若無，實若虛。道者若執有見、有名，卽非上德也。本不有不無，不虛不實，應用卽有，昧用卽無。故云：知者不言，言者不知。知而不言者，隱也。又知可如不知，知不知上，不知知病，故云知者不可言也。故云上德不德，下德執德也。下德執德者，有名跡功業，以成稱名自見。凡諸有見，皆生分別。又本經云：迎之不見其首，隨之不見其後。何以分別？既有分別，卽爲執德。若能除兩件之心，乃名爲自然之道。兩件者，有爲、無爲之法。或立無爲爲是，破有爲爲非；或執有爲爲是，乃破無爲爲非。此是兩件之心。至道自然，亦非有爲，亦非無爲。故至道自然，湛寂清靜，混而不染，和而不同，非有非無。幾學仙之士無以執非，但俱無執見，則自達眞道，超越三乘，悉歸一乘。道不爲下，故執德者不名爲道矣。

【譯文】

德，是尊貴的意思，有名稱。品德高尚的人，明白上古時代的君王本來就沒有名號，也無須被稱贊，所以說他們不刻意追求德行。本經中說，品德高尚且順應自然、無所作為的人，是道德所稱贊的。又說，有像無，實像虛。如果修行者執著於有形的見解、有名的東西，那就不是上德了。本質是既沒有有也沒有無，沒有虛也沒有實，發揮作用時就有，不被察覺時就沒有。所以説：知道的人不説，説的人不知道。知道而不説，是因為他們懂得隱藏。又説，知道卻好像不知道，這才是真正的智慧，以為自己什麼都知道，其實是有病的表現，所以説知道的人是無法用言語來形容的。所以説品德高尚的人不刻意追求德行，下等德行的人則執著於形式上的德。下等德行的人執著於德，他們通過有名聲、有功業來顯示自己的存在。所有這些執著的見解，都會產生分別心。而且本經中説：迎著它看不到它的開頭，跟著它看不到它的結尾。這樣怎麼能區分呢？一旦有了分別，就陷入了執著。如果能去除這兩種執念，才能稱為自然之道。這兩種執念，一個是有為之法，一個是無為之法。有的人以為無為是正確的，從而否定有為；有的人堅持有為是正確的，從而否定無為。這都是分別心的表現。真正的道是自然的，既不是有為，也不是無為。所以真正的是自然存在的，清澈寧靜，混沌而不染，和諧而不同，既不是有，也不是無修行仙道的人不要執著於對錯，只要沒有執念，就能達到真正的道，超越三界，歸於一體。道不低下的人所擁有，所以執著於德的人不能稱為得道之人。

【解讀】

這段文字對「上德不德，下德執德」的解讀，揭示了道家哲學中對德行的層次劃分以及修行者在不同層次上的表現。它強調了真正的德行是自然無為的，而非刻意追求的形式。

修行者通過去除對有為與無為的執著，達到自然之道，最終超越一切分別，回歸真正的道。這種思想體現了道家哲學中對自然、無為、無執著的追求，以及通過內在修行達到清靜和解脫的理念。

執著之者，不名道德。

【譯文】

執著的人，不是真正有道德的人。

前說執德以爲下德，故執諸相，行流涉於有爲，不名道德也。道德者，通變無方，存亡自在，應用卽見，能尊能貴，悉皆自然，非執見之人。若執見之人，豈能知之乎？此一段明衆生所以不得眞道至常清靜矣。

【譯文】

前面說到執著於德行並將其視為下德，因此執著於各種表象，行為就陷入了有為的境地，這樣的人不能被稱作具備真正的道德。真正的道德，是通達變化沒有固定模式，存亡都隨心所慾，需要時就會出現，能夠尊貴崇高，都是自然而然，不是執著於己見的人所能理解的。如果執著於己見，又怎麼能明白這些呢？這一段闡明了眾生之所以不能獲得真正的道，達到永恒清靜的原因。

【解讀】

這段文字通過對「執著之者，不名道德」的解讀，強調了執著與真正道德之間的對立關係。真正的道德是自然無為的，超越了形式和執著。

修行者如果執著於某種觀念或形式，就無法理解真正的道德，也無法達到道的境界。這種思想體現了道家哲學中對自然、無為的追求，以及通過去除執著來達到清靜和解脫的理念。

眾生所以不得眞道者，爲有妄心。

【譯文】

眾生之所以不能得到真正的道，是因為有妄心。

妄者，動也。情淳意動，心生所妄，動者思之，因妄者，亂之本也。一切眾生不得眞道者，皆爲情染意動，妄有所思，思有所感，感者感其情而妄動於意，意動其思而妄生於心。人若妄心不生，自然清靜。又云，妄動者，亡也。皆亡失其道性，故逐境而感情，妄動其心，故不得眞道。

【譯文】

妄，就是動。情感浮動，意念動搖，心中就會產生妄念，動就會引發思考，因為妄念，是混亂的根源。一切眾生之所以不能獲得真正的道，都是因為被情感所沾染，意念動搖，胡亂思考，思考又產生感觸。感觸由情感而生，使意念妄動，意念一動，思考就隨之妄生。如果人不生妄念，自然就能保持清靜。又說，妄動，就是消亡。都會消亡失去道性，所以隨著境遇而觸動情感，使心妄動，因此不能獲得真正的道。

【解讀】

這段文字通過對「眾生所以不得真道者，為有妄心」的解讀，揭示了妄心是阻礙眾生修行的根本原因。

妄心的本質是情緒和意念的波動，這種波動會導致內心的混亂，使修行者無法專注於道的修行。去除妄心，修行者自然會達到內心的清靜，從而領悟真道。這種思想體現了道家哲學中對內心平靜和無為的追求，以及通過去除妄心來達到清靜和解脫的理念。

既有妄心，即驚其神；

【譯文】

一旦心中生出了妄念，就會驚擾到人的精神；

驚者，心之極畏，名曰驚也。非只指於心驚也。驚有二說一則內修清靜，乃忘於形而驚其神。二則外習事業，乃勞於心，而驚其形；外既驚其形體，內誘則驚於其神。若得心神安靜，則外慾不生"，慾既不生，自然清靜也。

【譯文】

驚，是心極度害怕，稱為驚。這不只是指心

驚。驚有兩種情況，一是內修清靜，忘記形體而只使精神感到驚恐。二是外修事業，使心勞累，從而使形體感到驚恐；外在如果讓身體受到驚嚇，內在又受到誘惑，那麼精神就會受到驚恐。如果心神保持安靜，外慾就不會產生，慾望既然不產生，自然能達到清靜的境界。

【解讀】

這段文字通過對「既有妄心，即驚其神」的解讀，揭示了妄念對精神的干擾和擾亂，以及修行者如何通過內外兼修來達到心神安定的境界。妄念不僅擾亂內心的平靜，還會對精神產生負面影響。

修行者需要通過內修清靜和外習事業的平衡，避免過度勞累和方法不當，從而達到心神安靜的狀態。這種思想體現了道家哲學中對內心平靜和無為的追求，以及通過去除妄念來達到清靜和解脫的理念。

既驚其神，卽著萬物；

【譯文】

一旦使精神感到驚恐，就會執著於萬物；

凡人若驚其神，則外有所著於境，內則失於正性。萬物者，衆多之名也。緣道貴守一，不可著於萬物而驚其神也。夫人得生於世，故稟地、水、火、風四大之中，和炁而生，按三才而所育，貴亦難勝。若能安然不動，內守元和，則思慮不惑，自然淸靜也。

【譯文】

凡人如果使精神受到驚擾，外就會被環境所

牽引，內就失去內心的平靜和本性。萬物，只是眾多事物的名稱。因為道貴在守住一，不能執著於萬物而使精神受到驚擾。人活在世上，是由地、水、火、風四大元素構成，依靠元氣而生，按照三才之道來養育，這種存在本身就很難得。如果能夠安然不動，守護內心的元和，就不會被雜念迷惑，自然能達到清靜的境界。

【解讀】

這段文字通過對「既驚其神，即著萬物」的解讀，揭示了精神動蕩與外物執著之間的關係。當精神受到驚擾時，人容易陷入對外物的依賴和執著，從而失去內心的平靜和正性。

修行者需要通過內守元和，保持內心的安定，避免被外物所擾，從而達到清靜的境界。這種思想體現了道家哲學中對內心平靜和無為的追求，以及通過去除外物執著來達到解脫的理念。

既著萬物，卽生貪求；

【譯文】

一旦執著於萬物，就會產生貪求；

貪者，是愛著之貌。雖名愛著，亦有二種分別之義：一者貪於世事，外求華飾，欲樂其情，則爲陰咎，不合於陽教。既屬於陰，卽不能清靜，乃爲濁滯也。二者貪於進修，窮尋眞教，堅求至道。此爲內貪。名爲貪，其理合於陽教，卽輕淸而爲正，陰卽濁滯而歸邪。若能體道合眞，自然輕靜也。

【譯文】

貪，是過分執著和喜愛的表現。雖然稱為貪愛，也有兩種不同的含義：一是貪戀世俗之事，向外追求華麗裝飾和享樂，以滿足自己的私慾，這樣做會帶來隱藏的災禍，與正面的教導相違背。既然屬於陰暗面，就無法保持清靜，就會變得濁澀停滯。二是對修行進步的貪求，深入探尋真正的教義，堅定地追求至高無上的真理。這屬於內心的貪求，雖然也叫「貪」，但道理符合陽教，因此是輕盈清靜靜而正直的，而陰暗面則是濁澀停滯並走向邪路的。如果能夠體悟大道並與真理相合，自然就會變得輕鬆清靜。

【解讀】

這段文字對「既著萬物，即生貪求」的解讀，揭示了執著於外物會導致貪求的產生，並進一步區分了貪求的兩種不同類型及其對修行的影響。

修行者需要避免外在的貪求，專注於內在的修行，通過體悟道的本質，達到清靜無執著的境界。這種思想體現了道家哲學中對內心平靜和無為的追求，以及通過去除外物執著來達到解脫的理念。

既生貪求，即是煩惱；

【譯文】

一旦產生貪求，就會煩惱；

然貪外事，漸漸斷除；貪求內事，勤勤修進。雖即內求至道，不可堅執之，亦乃生煩惱。凡言煩惱，亦有二一種，分別輕重：一者輕煩惱，二者重煩惱。一輕則是貪求至道，執之亦生煩惱。二則是外求世法，名重煩惱。輕即合陽，是名爲清；重即合陰，是名爲濁。雖分輕重，則不可執之。執猶著也。既貪著即生迷惑。但以拾重棄輕，內守元和，湛然不動，故謂之懷道抱德，自然淳樸。夫長生之道全在養神，若守元和不失，神卽居之，神若居則心大安，忻忻而若喜，自然清靜，豈有煩惱生乎？

【譯文】

然而對於外在事務之貪求，要逐漸斷絕；對於內在修行之追求，則應當勤勉進修。雖然內在追求至高之道，但不可固執己見，否則也會生出煩惱。說到煩惱，它也有兩種，分別輕重：一是輕微煩惱，二是重大煩惱。輕微煩惱是指貪求至高之道，執著於此也會產生煩惱。重大煩惱則是向外追求世俗之法。輕微煩惱屬陽，清澈；重大煩惱屬陰，渾濁。雖然煩惱有輕重之分，但都不應執著。執著就是固守不放。一旦貪執就會產生迷惑。因此應當捨棄重的，放棄輕的，內守元氣平和，心境寧靜不動，這就叫懷有道義、懷抱德行，自然就會變得淳樸。長生的關鍵在於養神，如果能保持元氣平和不失，神就會安居其中，神若安居則心就會非常安寧，心中充滿喜悅，自然就能清靜，哪裏還會有煩惱產生呢？

【解讀】

這段文字通過對「既生貪求，即是煩惱」的解讀，揭示了貪求與煩惱之間的關係，並區分了煩惱的兩種類型及其對修行的影響。

修行者需要避免對外物的貪求，同時在追求內在修行時保持適度，避免過度執著。通過內守元和、養神，修行者可以達到清靜無煩惱的境界。這種思想體現了道家哲學中對內心平靜和無為的追求，以及通過去除執著來達到解脫的理念。

煩惱妄想，憂苦身心，便遭濁辱，流浪生死，常沉苦海，永失眞道。

【譯文】

煩惱妄想、身心憂苦，就會遭受濁辱，在生死輪回中漂泊，常沉於苦海，永遠失去真正的道。

身心躭著外境，憂苦自生於內。濁者，染也；辱者，污也。身心染污，自歸流浪者，返復也。返復生死，不離輪迴，流浪於苦海之中。苦海者，憂苦之海也。海者，大也，憂苦事不能免也。非干至道不慈，自爲人心造作。夫學道之士，但內守其一，外除其想。一者，身也。聖人皆云存三守一。三者，精炁神也。但守其身，必存於三也。故《西升經》云：守身不失，常存也。專守其一，不生妄想，卽免於苦海沉淪，憂苦不著於身心，自然解脫，合於清靜。故聖人遺其經文，以正其義，施大法橋，閉其徑路，教化未悟，令入妙門。此明人皆自失眞元，故非爲至道不慈者也。

【譯文】

身心執著於外在環境，內在的憂苦就會自生。濁，是污染；辱，是玷污。身心被污染，就會漂泊輪回。反復經歷生死，離不開輪回之苦，漂泊在苦海之中。苦海，就是憂苦之海。海，意味著廣大，憂苦之事無法避免。這並不是因為至高之道不慈悲，而是人心自己造作的結果。學道之人，應當內守其一，外除其想。一，是身體。聖人都説存三守一。三，是精、氣、神。只要守住身體，就一定會存有三者。所以《西升經》中說：守住身體不失去，就是常存。專注守住其一，不生妄想，就能免於苦海沉淪，憂苦就不會附著於身心，自然就能解脫，合於清靜。所以聖人留下經文，以闡明道義，架設大法之橋，關閉邪徑之路，教化未悟之人，讓他們進入妙道之門。這說明人都是自己失去了真元，所以並不是因為至高之道不慈悲。

【解讀】

這段文字通過對「煩惱妄想，憂苦身心，便遭濁辱，流浪生死，常沉苦海，永失真道」的解讀，揭示了煩惱和妄想對身心的負面影響，以及這種狀態如何導致眾生陷入生死輪迴、失去真道。

修行者需要通過內守元和、去除妄想來達到解脫和清靜的境界。這種思想體現了道家哲學中對內心平靜和無為的追求，以及通過去除妄想來達到解脫的理念。

眞常之道，悟者自得。得悟道者，常清靜矣。

【譯文】

真正恒常之道，覺悟者自然能得。得道之人，常處清靜。

眞道者常存，非古非今，非生非滅，外包天地，內入毫芒，法則萬物，常用於世。人能悟解，雖己自得，非爲化物也。夫太上所言，人能覺悟，悟則本性，謂之得道也。亦非至道難求，亦非易得也。本經云：天道無親，常與善人。又云：道本無形，莫之能名。得悟之者，唯己自知。善人常能守於清靜，即皆爲得其眞道者也。此一章至書而錄之，總爲一段。先明仙翁誦持此法，次明傳授帝君，天官洞府，悉皆祕隱，非爲常輕者也。

【譯文】

真道永遠存在，不分古今，不生不滅，外包天地，內入毫芒，法則萬物，常用於世。人能覺悟理解，雖然自得，但並不是為了化物。太上說，人能覺悟，覺悟就是本性，就叫得道。也不是說至高之道難以求得，也不是說容易得到。本經中說：天道無私，常與善人。又說：道本無形，無法命名。得悟之人，只有自己知道。善人常能守於清靜，就都是得道之人。這一章寫到這裏就記錄完了，總結為一段。先說明仙翁誦讀此法，再說明傳授給帝君，天官洞府都隱祕此事，不是輕易傳授的。

【解讀】

這段文字通過對「真常之道，悟者自得。得悟道者，常清靜矣」的解讀，揭示了真道的本質和悟道的境界。真道是永恆存在的，超越了時間的限制，貫穿萬物的運行法則。

修行者通過覺悟回歸本性，達到清靜的境界。悟道並非外在的成就，而是內在的自然狀態。這種思想體現了道家哲學中對自然、無為、清靜的追求，以及通過內在覺悟達到解脫的理念。

仙人葛玄曰：吾得眞道，曾誦此經萬遍。

【譯文】

仙人葛玄說：我得到真道，曾經誦讀此經萬遍。

仙人姓葛諱玄，字孝先。初學道之時，常誦此經，後得神仙之道，今位登左仙翁者是也。仙翁有孫，名洪字稚川，今之世人皆只乎朴抱子。祖代求仙，皆成眞人矣。仙翁初入道之時，居長白山，或居東嶽。自後遍歷名山，慇懃求道。成道之後，隱跡潛形，爲留經教於世，勸悟後學之途。凡言誦經萬遍者，萬遍卽萬行圓備也。又《靈寶經》云，萬範開張者，乃明諸天梵炁彌羅，無不周遍也。範者，法也。萬法皆同，內外俱應。分卽爲萬象之形，聚爲萬神之體，此乃爲圓滿之義也。又云，萬遍道備，飛升太空，萬神之備。萬遍既周，乃成清靜之道，非只爲誦持經文，何必苦於形而勞其神者也。

【譯文】

仙人姓葛名玄，字孝先。初學道時，常誦讀此經，後來得道成仙，現在位列左仙翁。仙翁有孫子，名叫葛洪，字稚川，現在世人都只稱他為朴抱子。祖孫幾代求仙，都成了真人。仙翁初學道時，居住在長白山，或住在東嶽。後來遍歷名山，殷勤求道。得道之後，隱藏形跡，留下經文教化世人，勸導後學之人。凡說誦讀萬遍，萬遍就是萬行圓滿。《靈寶經》中又說，萬法開張，是說明諸天梵氣遍布，無所不在。範，就是法。

萬法都相同，內外相應。分就成為萬象之形，聚就成為萬神之體，這就是圓滿之義。又說，萬遍道備，飛升太空，萬神齊備。萬遍誦完，就能成就清靜之道，不只是為了誦讀經文，何必苦形體而勞累心神呢。

【解讀】

這段文字通過對葛玄得道經歷的描述，揭示了誦讀經典在修行中的重要性和象徵意義。葛玄通過誦讀經典萬遍，達到了修行的圓滿境界，最終得道成仙。

誦讀經典不僅是對經文的學習，更是修行者通過內在修煉與宇宙元氣相合的過程。這種思想體現了道家哲學中對修行圓滿和清靜境界的追求，以及通過誦讀經典來達到解脫和昇華的理念。

此經是天人所習，不傳下士。

【譯文】

此經是天人所學的，不傳給下士。

天人者，極陽之仙也。天仙者，碧落飛騰，遊行自在，兩腋有毛羽，亦名羽客也。凡是天仙羽客，住於三清之上，常行於經法，亦非輕傳下士。世人若修天人之行，即謂天上人也。凡欲修學之士，何不誦習此經，日有進修之業，若無退慢之心，是謂有進無退之士也。亦不令輕傳下士。又聖人云，經法流行於世，學人若遇，須當寶而貴之，不可輕泄。如逢賢士，有心即授，有善即傳。此蓋流通救度，要其悟解者也。可傳可授，弘在人矣。

【譯文】

天人，是極陽的仙人。天仙，能在碧落飛翔，遊行自在，兩腋長有羽毛，也被稱為羽客。凡是天仙羽客，都住在三清之上，常修行經法，也不會輕易傳給下士。世人如果修行天人的行為，就可以稱為天上人。凡是想修學的士人，為什麼不誦讀此經，每天都有進修的功課，如果沒有退卻怠慢之心，就是有所進步而不退卻的士人。也不讓輕易傳給下士。聖人又說，經法流行於世，學習的人如果遇到，應當視為珍寶，不可輕易泄露。如果遇到賢士，有心就傳授，有善就傳揚。這是為了流通救度，希望他們能理解領悟。可以傳授，弘揚在於人。

【解讀】

這段文字對「此經是天人所習，不傳下士」的解讀，揭示了這部經典的珍貴性和傳承的嚴肅性，同時強調了修行者應如何珍視經典並正確傳播道法。

天人是達到極高修行境界的仙人，居住在三清之上，常習修這部經典。修行者應珍惜經典，每天堅持誦讀和修行，保持積極進取的心態。同時，傳播經典時要謹慎選擇對象，確保經典的價值得以正確體現。這種思想體現了道家哲學中對經典和修行的重視，以及通過正確傳播道法來救度眾生的理念。

吾昔受之於東華帝君。

【譯文】

我過去從東華帝君那裏接受了這部經。

吾者，仙翁自稱也。東華者，按《上淸經》云：東方有飄雲世界碧霞之國，翠羽城中蒼龍宮，其中宮闕，並是龍鳳寶珠合就，上有五色蒼雲覆蓋其上，故號蒼龍宮也。乃是東華小童君所居之處。此明仙翁自云吾逢彼帝君，卽傳受此經，且非輕傳於下士也。

【譯文】

我，是仙翁自稱。東華，根據《上清經》

說：東方有飄雲世界碧霞之國，翠羽城中的蒼龍宮，那裏的宮殿都是用龍鳳寶珠建造，上面有五色蒼雲覆蓋，所以叫蒼龍宮。這是東華小童君居住的地方。這說明仙翁自稱我遇到東華帝君，就傳授得到此經，而且並不是輕易傳給下士的。

【解讀】

這段文字通過對「吾昔受之於東華帝君」的解讀，揭示了葛玄從東華帝君處接受經典的經歷，以及這部經典的神聖性和傳承的嚴肅性。

東華帝君居住在東方的飄雲世界碧霞之國，其居所象徵著極高的神聖性和純淨。葛玄從東華帝君處接受經典，表明這一傳承具有極高的權威性，不會輕易傳給修行層次較低的人。這種思想體現了道教中對經典的重視，以及通過神聖傳承來確保經典價值的理念。

東華帝君受之於金闕帝君，

【譯文】

東華帝君從金闕帝君那裏接受這部經，

金闕者，西方有琅玕世界瓊瑤之國，瑠璃宮內，其中宮闕，並是琅玕寶珍瑠璃合就，故號曰瑠璃宮也。有一帝君於宮內亦寶祕此經。又云金闕帝君者也。應其名號，或太上分形化體，名號有殊。《上清經》云：後聖金闕玄元黃帝老君，太上是也。又《尹氏玄中記》曰：太上老君常居紫微宮，或號天皇大帝，或曰太一救苦天尊，或號金闕聖君。故知太上隨方設化，應號無窮。即知先聖金闕西方瓊瑤國主帝君是也。上聖帝君盡皆寶祕此經，何況後學傳受，修持諷誦，豈不欽崇，重而行之者乎？

【譯文】

金闕，西方有琅玕世界瓊瑤之國，琉璃宮內，那裏的宮殿都是用琅玕珍寶琉璃建造，所以叫琉璃宮。有一位帝君在宮內也珍藏此經。又稱為金闕帝君。根據其名號，或許是太上分身化體，名號有所不同。《上清經》中說：後聖金闕玄元黃帝老君，就是太上。另外，《尹氏玄中記》中說：太上老君常居紫微宮，或稱天皇大帝，或稱太一救苦天尊，或稱金闕聖君。所以知道太上隨方設化，名號無窮。由此可知先聖金闕西方瓊瑤國主帝君就是這位。上聖帝君都珍藏此經，何況後學傳授、修持誦讀，豈能不敬仰尊崇，重視並實踐呢？

【解讀】

這段文字通過講述東華帝君從金闕帝君處接受經文的故事，強調了這部經文的神聖性和重要性。

金闕帝君作為太上老君的化身，其居所和名號的多重性體現了道教中神靈的神秘性和變化性。同時，文中也提醒修行者要對這部經文保持敬畏之心，認真傳承和修持，以獲得其蘊含的智慧和力量。

金闕帝君受之於西王母。

【譯文】

金闕帝君從西王母那裏接受這部經。

王母者，諸天神王帝主之母，居於崑崙。按《天地論》曰：王母居崑崙西側黃河出水之處。王母者，是天地之母。又云，天公、地母主統衆眞，總攝三界，天上天下，是王母爲至尊之母也。昔於金闕帝君受得此經，其帝君受此經於西王母之時，亦非輕傳於下士也。

【譯文】

王母，是諸天神王帝主的母親，居住在昆侖。根據《天地論》中說：王母居住在崑崙西側黃河出水之處。王母，是天地之母。又說，天公、地母主統眾真，總攝三界，天上天下，王母是至尊之母。以前金闕帝君從西王母那裏得接受此經，帝君從西王母那裏接受此經時，也不是輕易傳給下士的。

【解讀】

這段文字通過講述金闕帝君從西王母處接受經文的故事，強調了經文的神聖來源和重要性。

西王母作為至高無上的尊神，其傳授的經文具有極高的價值和意義。這種傳承體系不僅體現了道教對經文的尊重，也象徵著智慧與修行的傳遞。

西王母皆口口相傳，不記文字。吾今於世書而錄之。

【譯文】

西王母都是口口相傳，不記文字。我現在在世間記錄下來。

口口相傳者，古聖人傳受經法，皆以內藏心腹祕受經文，流通行化，教導人天，並不記文字，卽不以今世所見也。自仙翁後來，故書此經，傳於下世，普遍流行，卽要拔度後學之徒者也。前明先聖傳受，次明後學尊卑，若能悟解眞道，則隨功而獲果矣。

【譯文】

口口相傳，古代聖人傳授經法，都是內心珍藏秘密傳授經文，流通行化，教導人和天，並不記文字，就不是現在世人所見到的。自從仙翁以後，所以寫下此經，傳給後世，普遍流行，就是要拔度後學的徒眾。前面說明先聖傳授，接著說明後學尊卑，如果能悟解真道，就會根據功而獲得果報。

【解讀】

這段文字強調了西王母傳授經文的傳統方式（口口相傳）以及作者將其記錄下來的原因和意義。

口口相傳的方式體現了古代宗教和修行體系中對隱祕傳承的重視，而文字記錄則是為了讓經文更廣泛地傳播，幫助後來的修行者學習和領悟。同時，文中也提醒修行者，無論是何種傳承方式，最終的修行成果都需要通過自身的悟性和努力來實現。

上士悟之，升爲天官。

【譯文】

上士領悟了它，就會升為天官。

上士者，外煉形質，內養精神，外和其光而同其塵，內修功而保其元也。元者，元炁也。元炁是神之母。人能常存於元炁，下保於丹田，上固於泥丸，中守於絳宮，如此愛重，保於三元，是謂內養於神。神者，炁之子；形者，神之舍。神是身之主，身無主則不安；形無神而不立。上達之士常服日精，保於下丹田，飲於月華，保於腦戶。腦戶者，泥九上丹田也，屬陽，故使太陰精炁保之。下丹田腎宮氣海屬陰，故使太陽精炁保之。又《易》曰：一陰一陽之謂道也。且能待日月二景扶身形而行之，叉升爲天官也。是五雲五炁者，是五行之正炁也。凡上道之人，五臟既眞，五臟炁自生，五行眞炁化成五雲，扶其形質，上游三界。三界者，慾界、色界、無色界也。下游十方。十方者，四維上下是也。三界十方俱無滯礙，然後升入上清，得位爲天官之號也。

【譯文】

上士，外煉形質，內養精神，外和其光而同其塵，內修功而保其元。元，是元氣。元氣是精神的根源。人能常保持元氣的充沛，在下丹田固守根基，在上泥丸宮鞏固精神，在絳宮守護心神，如此珍視並保護這三元，就是內養於神。神，是氣的衍生；形，是神的住所。神是身體的主宰，身體若沒有神的主導就會不安；形體沒有神就無法存在。高明的修行者常吸收日光的精華，滋養下丹田，吸納月光的清暉，保護腦户。腦户，是泥丸上丹田，屬於陽性，所以用太陰精氣來保護它。下丹田，即腎氣海，屬於陰性，所以用太陽精氣來保護它。而且《易》中說：一陰一陽就是道。而且如果能等待日月精華來輔助身體修行，就會升為天官。五雲五氣，是五行的正氣。凡是上道的人，五臟功能強健，五臟氣自然就會產生，五行真氣化成五雲，扶持身體，在三界暢遊。三界，是慾界、色界、無色界。在十方自由往來。十方，是東、南、西、北、東南、東北、西南、西北及上下這十個方向。當在三界十方都暢通無阻時，就能夠升入上清境，得到天官的稱號。

【解讀】

這段文字通過描述上士的修行過程，強調了內外兼修的重要性。

上士通過修煉元氣、吸收日月精華、調和五行真氣，最終達到超越三界和十方的境界，昇華成為天官。這不僅體現了道教對修行者身心統一的要求，也展示了通過修煉達到昇華的路徑和目標。

中士悟之，南宮列仙。

【譯文】

中士領悟了道，就能在南宮中位列仙班。

金者，肺也。玉者，骨也。凡學道之士先須煉骨，謂之寶玉；煉肺保津，謂之炁金。石者，腎也；丹者，心也。安心息炁，保於腎臟，乃得延年，非爲世間金石寶玉也。此之金石能保其命。又圖南子云：外寶如何內寶存。此之謂也。若能內保於性命，然上參於上清聖文。聖文者，皆上清祕寶之書。下達玄微者，下元腎也。又《上清經》云：南方有丹靈天，內有藥珠宮，內有一眞君號曰靈天君。又云，朱陽宮或云朱陵宮，其天中內有炎炎火煉池，池有七寶宮殿，亦號曰紫陽宮。若有下達之士學道成功者，乃同司命眞君錄其姓名，奏上南宮，得爲仙官之號也。

【譯文】

金代表肺，玉代表骨。所有學道的人首先要修煉骨骼，稱之為寶玉；煉肺保津，稱之為金。石，代表腎；丹，代表心。安心調節氣息，保護腎臟，才能延年益壽，這裏的金石不是指世間的金石寶玉。這種金石能夠保護生命。圖南子曾說：外在的寶物如何能比得上內在的寶物。這就是這個意思。如果能夠內在保護生命，那麼就能上參上清的聖文。聖文，指上清的秘寶書籍。下達玄微的，是下元的腎氣。而且《上清經》中說：南方有丹靈天，裏面有藥珠宮，宮內有一位真君叫靈天君。又說，朱陽宮或朱陵宮，其天宮中有炎炎火煉池，池中有七寶宮殿，也叫紫陽宮。如果下達的人有學道成功的，就會和司命真君一起被記錄下名字，上報給南宮，得到仙官的稱號。

【解讀】

這段文字通過描述中士的修行過程，強調了內煉和參悟道法的重要性。中士通過內煉身體的各個部位，調和五行，最終達到延年益壽的效果，並通過參悟上清聖文，獲得位列南宮仙班的成就。這不僅體現了道教修行的層次性，也展示了通過內煉和參悟達到昇華的路徑。

下士得之，在世長年，

【譯文】

下士得到它，可以在世間長生，

下士者，未能絕利一源，皆求資身益命之道；或服靈藥，或餌丹砂，或休名棄位，或淡靜安神，或依倚林泉，或藏跡於朝市，內修至道，外合五常。或隱或見，體道合真。如斯不退，尚保延年，何況高士英賢隱於巖谷，學神仙養藥，而得白日升天。何故後人不能專至？即今西嶽華山山居隱士丁、陳二人在世延年？注名以入仙位，況後人不能相效。故舉此數喻，乃明至道無偏，求者必達。故本經云：天道無親，常與善人也。又參同歸一。

【譯文】

下士，未能斷絕世俗的利慾，都在尋求增強養身益壽的方法；他們可能服用靈藥，可能服用丹砂，可能放棄名利地位，可能淡泊寧靜安神，可能依傍林泉而居，可能隱匿在朝市中，內在修煉至道，外在符合五常。他們或隱或現，體悟道並與之相合。如果這樣不退縮，就能保持延年，何況高士英賢隱居在山谷中，學習神仙之術養煉丹藥，從而能夠白日升天呢？為什麼後人不能專心致志到這樣的境界呢？就像現在西嶽華山的隱士丁、陳二人在世間延年益壽？名字被記錄進入仙位，何況後人不能效仿呢？所以舉這些例子，說明至道沒有偏私，只要尋求就一定能夠達到。所以本經中說：天道沒有親疏，常與善人同在。

這就是參同歸一的道理。

【解讀】

這段文字主要講述了「下士」通過修行和實踐道法，雖然不能像上士和中士那樣達到昇華或位列仙班，但仍然可以在世間獲得長壽，並強調了修行的普遍性和可能性。

即使是資質稍遜的修行者，通過堅持修行、調和內外、淡泊名利，也能獲得長壽甚至成仙。同時，文中以華山隱士為例，鼓勵後人不要因困難而放棄修行，因為道法對所有人都是公平的，只要堅持，就能達到目標。

遊行三界，升入金門。

【譯文】

遊歷於三界，升入金門。

《靈寶經》云：三十二天三十二帝，第六名上明七曜摩夷天帝，名恬慛延，此是慾界也。雖有此說，凡學道但去其慾，卽名眞人。又色界在二十四重天，無極曇誓天爲色界，其帝君號名飄砮穹隆。又太素秀樂禁上天爲無色界帝君，名龍羅覺長。此名三界，乃指天地而言，此爲外，約大綱之說也。若喻人身而言之，三界卽三丹田也。下丹田爲慾界，中丹田爲色界，上丹田爲無色界。人若保守於三丹田，則精氣神存上中下三丹田之境，眞人遊於三界也。若得三丹田神俱足，則自然升天矣。故經云，形神俱妙，與道合眞，此之謂也。《上清經》云：大羅天在三十二天之上。又《靈寶經》云：三界之上，渺渺大羅。大羅之境唯有三淸宮闕，莫不上聖高尊遊於其上。又云，有五億五萬五千五百五十重天。此不具載。又唐賢樂朋龜云：原夫八十一天，比太上之半壽。此者大約而言也。學道人若先修內行，保固守於三元神，三元神俱備，自得升天，遊於三淸之境，出入金闕之前，朝拜太上，得爲眞人。故曰升入金門也。前仙翁書錄乃標至學尊卑。此明眞人所說，導引羣生，普令誦持眞經，得善神擁護其身，漸入仙眞之階。

【譯文】

《靈寶經》上說：有三十二重天、三十二位天帝，第六重天是上明七曜摩夷天帝，名叫恬憎延，這是慾界。雖然有這種說法，但凡學道的人只要去除慾望，就能被稱為真人。色界在二十四重天，無極曇誓天就是色界，其帝君名叫飄砮穹隆。太素秀樂禁上天是無色界帝君，名叫龍羅覺長。這就是三界，指的是天地，這是外在大體的說法。如果用人身來比喻，三界就是三個丹田。下丹田是慾界，中丹田是色界，上丹田是無色界。人如果能保守三個丹田，精、氣、神就會存留在上中下三個丹田的境界中，這就是真人遊歷三界。如果三個丹田的神都充足，那麼自然就能升天。所以經書上說，形神都到微妙境界，就與道合為一體，就是這個意思。《上清經》中說：大羅天在三十二天之上。《靈寶經》中又說：在三界之上，有著渺無邊際的大羅天。大羅的境界只有三清宮闕，無不是至高無上的聖人遊歷其上。又說，有五億五萬五千五百五十重天。這裏不詳細說了。唐朝的樂朋龜又說：原本以為八十一天，只是太上的一半壽命。這是大概的說法。學道的人如果先修內在，保守三元神，三元神都完備了，自然就能升天，遊歷於三清之境，出入在金闕之前，朝拜太上，成為真人。這就是所說的升入金門。前面仙翁的書錄標明了學道的尊卑次序。這裏明確了是真人所說，是為了引導羣生，讓他們都誦持真經，得到善神的擁護，逐漸進入仙真的階梯。

【解讀】

這段文字主要探討了「遊行三界，升入金門」的修行目標和實現路徑，同時結合道教經典和人體修行理論，闡述了修行者如何通過內外兼修達到昇華的境界。

修行者通過修煉三個丹田（精、氣、神），去除慾望，逐步提升修行層次，最終達到「遊行三界，升入金門」的境界。文中強調了修行的普遍性和層次性，鼓勵眾生通過誦持真經和修煉內丹，逐步進入仙真的境界，最終成為真人。

左玄眞人曰：

【譯文】

左玄真人說：

左者，陽也。玄者，一也。道君號得一，眞人乃立其左右，陰陽一是也。故言左玄眞人。左玄眞人者號法解。爲此眞人大慈，仁者多請問因緣，下遊五濁，救拔一切；復歸三境，侍從尊慈，太上保之，稱其名號。學仙之士但能存一，守於陰陽二炁，則爲眞人。何爲守一？一者，道之本性。一爲大也。又云身也。故引《西升經》云：愛人不如愛身，愛身不如愛神，愛神不如舍神，舍神不如守身，守身長久，長存也。學人未悟玄微，但且護形愛炁，輕物賤名，思慮不惑，則血氣和平，如此卽其一可存也。陰陽二炁卽坎離之用也。故謂爲眞人之身。然後朝於太上，皆得爲道之臣也。上則參於三境，下則遊於十方，開導衆生，教化未悟，引接群生，普令得其道，此卽爲眞人之所作也。

【譯文】

左代表陽，玄代表一。道君號得一，真人就站在他的左右，陰陽合一就是这个意思。所以被稱為左玄真人。左玄真人號法解。这位真人大慈大悲，仁者常常向他請教因緣道理，他便下凡到五濁惡世，拯救度化一切眾生；再回到三境，侍奉尊慈，受太上保佑，並被尊稱為其名号。学仙的人只要能够堅守一，守住陰陽二氣，就能成为真人。什么是守一？一，是道的本性。一代表大。又说代表身。所以引用《西升经》中的話说：愛護他人不如愛護自身，愛護自身不如珍惜精神，珍惜精神不如放下精神的執著，放下精神的執著不如守護身體，守護身體才能長久，才能永存。學道之人若未能領悟深奧的道理，至少應護住身體、珍惜元氣，輕視物質、不慕名利，思慮不被迷惑，血氣就能平和，如此便能守住其一。陰陽二氣就是坎離之用的體現，因此被稱為真人之身。然後朝拜太上，都能成為道之臣。上可參悟三境，下可遊歷十方，開導眾生，教化尚未覺悟的人，引導眾生，使他們都能得道，這便是真人所做的事。

【解讀】

這段文字通過左玄真人的說法，強調了「守一」在修行中的重要性。守一不僅是守住道的本性，也是調和陰陽、愛護身體和精氣神的過程。

通過守一，修行者能夠達到真人境界，進而教化眾生，引導他們走向修行的道路。文中還提到修行的普遍性，即使是初學者，只要愛護身體、減少外界誘惑，也能逐漸接近道的境界。

學道之士，持誦此經，

【譯文】

學道之人，若能持誦此經，

持誦者，依本曰讀，離本曰誦。學道之士，若能心正，道念不退，依法奉修，如對太上，行住坐立，常持專一，是謂誦持者也。

【譯文】

持誦，照著經文念叫讀，離開經文背誦叫誦。學道的人，如果能心志堅定，修道的信念不退轉，依照方法修行，就好像面對太上一樣，無論行住坐立，都能保持專一，這便是誦持的真義。

【解讀】

這段文字強調了持誦經典在學道過程中的重要性，明確了持誦的定義（讀與誦的區別），並提出了持誦時應有的心態和行為要求。

修行者需要保持正念、堅持修行、恭敬經典，並在生活中始終保持專注和專一。通過持誦經典，修行者能夠逐步提升自身的境界，最終達到與道合一的目標。

卽得十天善神擁護其人。

【譯文】

就能得到十位善神的保護。

此明學士心常念道，持誦眞經，卽得善神擁護。十天者，八方上下是也。《因緣經》云：每月十直齋，各有善神直日，亦爲善神也。且人有三業、六根身形之業，故有十惡。十惡者，淫、殺、盜、嫉、婦、恚、惡口、兩舌、妄言、綺語，此爲十惡。十善者，身不妄行，心不妄動，意不妄思，性不妄亂，耳不妄聽邪聲，口不妄言綺語，目不妄視邪色，鼻不妄受邪穢，舌不妄食邪味，識不妄受於驚怖，卽名十二善。十善既生，十惡自滅，乃得眞聖相護。十行既周，自然淸靜。既生淸靜，則無煩惱。煩惱既無，乃成眞道。

【譯文】

這說明學士心中常念道，持誦真經，就能得到善神的護佑。十天指的是八方加上天和地。《因緣經》上說：每個月的十天齋日，每天都有善神值日，這些也是善神。而且人有三業及六根所產生的行為，因此有十惡。十惡，指淫慾、殺生、偷盜、嫉妒、嗔怒、惡口、搬弄是非、妄言、花言巧語，這些就是十惡。十善，指身體不胡亂行動、心不胡亂起念、意不胡亂思考、性不胡亂煩躁、耳朵不胡亂聽邪惡的聲音、口不胡亂說花言巧語、眼睛不胡亂看邪惡的顏色、鼻子不胡亂嗅邪惡的氣味、舌頭不胡亂品嚐邪惡的味道、意識不胡亂受到驚嚇恐懼，這些就是十二善。十善一旦產生，十惡自然就會消滅，於是就能得到真聖的護佑。十善行一旦圓滿，自然就能達到清靜境界。一旦達到清靜境界，就不會有煩惱。煩惱一旦沒有了，就能成就真道。

【解讀】

這段文字通過闡述十天善神的護佑，強調了修行者通過持誦真經、修善行善能夠得到善神庇佑的重要性。

文中對比了十惡與十善，指出修行者應當避免十惡，實踐十善，從而達到內心的清靜與無煩惱。最終，通過善行與修行，修行者能夠成就真道，與道合一。

然後玉符寶神，金液煉形，形神俱妙，與道合眞。

【譯文】

然後通過玉符保佑神靈，金液煉就身形，使得身形與神靈都達到完美境界，與大道合而為一，成為真正的仙人。

玉符者，玉皇之符也。令人學道功圓行滿，升入仙階者。先得玉皇符命，然後升仙也。玉符於身而論之，可明中元之事。中元者，心也。學人之心若能安靜，自然無染於塵垢，清靜而保固形神。若上等之人悟煉金液之道，以固形質。中士未悟，身外求藥，合和修煉，以佇性命。若論出入之道，亦先固形體，然後養於神識而形體固，形瘦力倦，神者爲彼之主，主安則外固。假如世之屋宅無人，則不能全矣。內外之事如此也。故引《西升經》之言：我身乃神之車、神之舍、神之主，主人安靜，神既居之；躁動，神卽去之。又云：神生形，形成神。形不得神，不能自生；神不得形，不能自成。形神合同，更相生，更相成。此事表裏相應之道。又云，神常愛人，人不愛神。神常愛人者，願其人生。人不愛神者，爲心所擾也。心亦神也，其神名曰靈童，能惡能善，能昧能明，能喜能怒，能正能邪。使意馬如風驅，心猿如箭疾，巧生千種，機出萬端，皆在此神。又《內觀經》云：心者神也，非青非白，非赤非黃，非大非小，非短非長，非曲非直，非柔非剛，非厚非薄，非圓非方，變化莫測，混合陰陽。大包天地，細入毫芒。制之則止，放之則狂。清靜則生，濁躁則亡。人能清靜，內修至道，制伏其心，心既安靜，其神則生，神生則形固，形固成神。神藉形而成，形藉神而生，形神相藉，安靜修功，形固神全。故云形神俱妙，內外相應，自然與道合眞也。前明誦持威力，修煉成眞。此明眞經道德貴重，世人悟解玄微，卽得身超三界也。

【譯文】

玉符，是玉皇的符命。讓學道之人功德圓滿、修行成就，得以升入仙階的人，必須先得到玉皇的符命，然後才能升仙。從身體的角度來談玉符，可以闡明中元的事情。中元，指的是心。學道之人的心若能保持安靜，自然不會被塵垢污染，清靜而能穩固形體和精神。若是上等資質的人，領悟了煉製金液的方法，便能鞏固形體。中等資質的人若未能領悟，就會向外尋求藥物，通過調和修煉來延續性命。若是談論修行的途徑，也應先穩固形體，然後培養神識，使形體穩固。形體瘦弱、力量疲倦時，神是形體的主宰，主宰安定了，形體也就穩固了。就像世間的房屋若無人居住，便無法保持完好。內外之事也是如此。因此引用《西升經》中的話說：我的身體是神的車、神的居所、神的主人，主人若安靜，神便居住其中；若躁動，神便會離開。又說：神生形，形成神。形體若無神，便不能自行生長；神若無形體，也不能自行存在。形與神相互配合，彼此生成，彼此成就。這是表裏相應的道理。又說，神常常愛護人，人卻不愛護神。神愛護人，是希望人能長生；人不愛護神，是因為心被擾亂。心也是神，其神名叫靈童，既能作惡也能行善，既能愚昧也能明智，既能喜悅也能憤怒，既能正直也能邪惡。它能讓意念如風般驅動，讓心念如箭般迅速，巧妙生出千種變化，機巧萬端，都是因為此神在起作用。《內觀經》中又說：心就是神，既不是青色也不是白色，既不是紅色也不是黃色，既不大也不小，既不短也不長，既不彎曲也不筆直，既不柔軟也不剛硬，既不厚也不薄，既不圓也不方，變化莫測，融合了陰陽。它能包容天地，也能細入毫芒。控制它就能靜止，放縱它就會狂亂。清靜就能生長，濁躁就會消亡。人若能保持清靜，內修至道，制服自己的心，心若安靜，神便會產生，神生長了，形體就會穩固，形體穩固了，就能成就神。神依靠形體而成形，形體依靠神而生長，形與神相互依賴，通過清靜修行，形體穩固，神就完整。因此説形與神都達到妙境，內外相應，自然與道合而為一。前文講明了持誦經文的威力，修煉成真的道理。這裏講明了真經的道德貴重，世人若能領悟其中的深奧道理，便能超脫三界。

【解讀】

這段文字深入探討了修行者通過內外兼修達到「

形神俱妙，與道合真」的境界，以及這一境界的內涵和意義。它結合了道教的內丹修煉理論和經典教義，闡述了修行的路徑和目標。

通過制伏內心的躁動，保持內心的安靜，修行者能夠穩固形神，最終達到與道合一的境界。這一過程不僅是對身體和精神的修煉，更是對修行者悟性的考驗，最終目標是超越三界，成就真道。

正一眞人曰：

【譯文】

正一真人說：

正者，眞也；一者，大也，亦爲心也。心者，南方太陽之象，元處北方。因何太陽處於北方？爲坎離中有一畫，故爲一陽，是謂心也。一是陰中陽位，二是陽中陰位。此是五行返復之理，陰陽變化之用，是謂正一也。正一眞人者，漢天師也，姓張諱道陵也。今爲三天大法師，位任正一眞人。又爲三清度師。其眞人今居聖眞之位，亦曾煉五行，修功爲國，扶衰救苦，除害興物，利濟庶民，功圓行滿，超幾成聖，位居高上正一眞人。人若能修煉其心，自然關府通泰，神和氣暢，皆由正一之事。今有天師所行正一斬邪三五飛步之道、銅符鐵券、金丹寶經、祕訣靈章、二十四階品籙，此不一一載也。

【譯文】

正，代表真實；一，代表廣大，也代表心。心，是南方太陽的象徵，但其根源卻在北方。為什麼太陽會處於北方？因為坎離之中有一劃相連，所以稱為一陽，這就是心。一處於陰中的陽位，二處於陽中的陰位。這是五行循環的道理，陰陽變化的運用，這就是正一的意義。正一真人，指的是漢代的天師，姓張，名道陵。如今他是三天大法師，擔任正一真人的職位，同時也是三清度師。這位真人現在居於聖真的高位，也曾經修煉五行，修功德為國家，扶助衰微、救濟苦難，消除災害、興盛萬物，利益百姓，功德圓滿，超越凡俗成為聖人，地位崇高，成為正一真人。人若能修煉自己的心，自然能使關竅通暢，神氣和諧，這都是因為遵循了正一的道理。如今有天師所傳授的正一斬邪三五飛步之道、銅符鐵券、金丹寶經、祕訣靈章、二十四階品籙，這裏就不一一記載了。

【解讀】

這段文字通過介紹「正一」的象徵意義和正一真人的功績與地位，闡述了正一修行的核心理念和方法。正一修行強調通過修煉心性達到陰陽平衡，從而實現個人的昇華和社會的利濟。

正一派的修行方法多樣，包括符籙、法術等，其經典和法器為修行者提供了豐富的實踐依據。這段文字不僅展示了正一派的宗教理念，還體現了其在道教中的重要地位和影響力。

人家有此經，悟解之者，災障不干，衆聖護門。

【譯文】

如果有人擁有這部經書，並且能領悟它，那麼災難和障礙就不會侵擾，眾多聖人會守護他的家門。

家者，身也。經者，心也。外學喻則家宅也。眞人曰：家有此經，若能悟解玄微，靜身心，修行念道，持誦不退，即得衆聖神人護衛其門。既得神人護門，則災障干於家庭，邪魔無犯於住止。皆因主人清靜，故得神明護門。內學此喻，則家猶身也。心則經也。人能清靜，行其至道於心，則謂之有此經也。悟者，覺也；達者，解也；通者，了也。覺了則謂心有經也。無經則未悟解，故有災障，煩惱所生。若心了達，則無煩惱。煩惱既無，自然清靜，災障不生，故不干也。衆聖護門者，人身中有三萬六千神，左三魂，右七魄。身有一萬二千形影，體有二萬四千精光，五臟六腑二十四神，耳、眼、口、鼻皆有也。一一各有宮闕所居人若清靜，衆神歸身，各居宮闕，故云衆聖護門。又三萬六千神各居瓊宮，即知煙蘿先生語不虛也。

【譯文】

家，指的是身體，經，指的是心。從外在的角度比喻，就像家宅一樣。真人說：家裏有這部經書，如果能夠領悟其中深奧微妙的道理，靜下心來，修養身心，念道修行，堅持不懈地持誦，就會得到眾多聖人仙人的守護。有了聖人仙人的守護，災難和障礙就不會侵擾家庭，邪魔也無法侵擾住所。這都是因為主人的心清靜無染，所以才能得到神明的守護。從內在的角度比喻，家就像身體，心就像經書。人如果能夠保持清靜，在心中修行至高無上的道，就可以說擁有了這部經書。悟，就是覺醒；達，就是理解；通，就是明了。覺醒明了了，就說明心裏有經書。沒有經書，就沒有悟解，所以會有災難和障礙，煩惱由此產生。如果心明了了，就沒有煩惱。沒有煩惱，自然就清靜了，災難和障礙也就不會產生。眾多聖人守護家門，是因為人的身體中有三萬六千個神，左三魂，右七魄。身體有一萬二千個形影，體內有二萬四千道精光，五臟六腑各有二十四神守護，耳、眼、口、鼻也都有神。每一個神靈都有自己居住的宮殿。人如果清靜無染，眾多神靈就會回歸身體，各自居住在宮殿裏，所以說眾多聖人會守護他的家門。另外，三萬六千個神靈各自居住在瓊樓玉宇中，由此可知煙蘿先生的話並非虛假。

【解讀】

這段文字通過比喻和象徵的方式，闡述了修行者通過悟解經典，能夠達到內心的清靜和神靈的庇佑。

文中強調了「家」與「身」、「經」與「心」的對應關係，指出修行者通過內在的修行，能夠獲得神靈的保護，避免災難和障礙的侵擾。通過悟解經典，修行者能夠消除煩惱，達到清靜的境界，從而實現內在與外在的統一。

神升上界，朝拜高尊。

【譯文】

神靈會升入上界，朝拜至高無上的尊神。

神者，心也。道典云：聰明正直謂之神，陰陽不測謂之聖。故云心靈則道降，道降則神靈，神靈則聖也。神明既聖，卽可升也。升者，登也，升登於上界。上界者，則三界之上三淸之境大羅天也。人能保精、養炁、愛神，調和於元炁，塡補於腦，烹煉神水，變化精神，神炁若全，卽得上升三界，朝禮太上高尊。凡學仙之士，所說朝元，卽有二種：一論天地，二論人身。卽明三丹田、且三界朝元者，卽上中下是三元也。上元者，上應玉清，始炁所化，號天寶君，理玉清聖境清微天，總一十二部聖行之經，爲洞眞教主，下於人身中爲上丹田腦工，亦號泥丸工帝君，以主於炁；中元者，上應上清，元炁所化，號靈寶君，理上清境禹餘天，總一十二部眞行之經，爲洞玄教主，下於人身中爲中丹田心府絳宮帝君，主於神；下元者，上應太清，玄炁所化，號神寶君，理太清仙境大赤天，總一十二部仙行之經，爲洞神教主，下於人身中爲下丹田炁海腎宮帝君，主於命。此三元三宮三寶者，天地得之以成，失之以傾，人身得之以生，失之以死。故《黄庭經》云：一身精神愼勿失。故要保愛也。又云：仙人道士非有神，積精累炁以成眞。凡學道之人，若能運用精華，存想神炁，朝拜三元，修功不退，久而行之，自得眞道。故聖人云：心爲使炁神，若知行炁主，便是得仙人。此明存想之道，皆以心而使之也。

【譯文】

神，就是心。道家經典中說：聰明正直的被稱為神，能夠洞察陰陽變化、深不可測的被稱為聖人。所以說心靈純淨，道就會降臨；道降臨了，心神就會變得靈明；心靈靈明了，就能成為聖人。心神既然成了聖人，就能升騰。升，就是登，升登到上界。上界，就是三界之上的三清之境大羅天。如果人能夠保養精氣、培養元氣、愛護精神，調和元氣，充實大腦，煉化精神之水，變化精神，那麼當精神和元氣都完整無缺時，就能升入三界，朝拜至高無上的尊神。凡是學仙的人，所說的朝元，有兩種含義：一是說天地，二是說人身。這裏說的是三丹田、三界的朝元，即上、中、下三元。上元，對應天上的玉清，由始氣所化，號稱天寶君，掌管玉清聖境清微天，統領十二部聖行之經，是洞真教主，在人體中對應上丹田腦宮，也稱為泥丸宮帝君，主宰氣；中元，對應天上的上清，由元氣所化，號稱靈寶君，掌管上清境禹餘天，統領十二部真行之經，是洞玄教主，在人體中對應中丹田心府絳宮帝君，主宰神；下元，對應天上的太清，由玄氣所化，號稱神寶君，掌管太清仙境大赤天，統領十二部仙行之經，是洞神教主，在人體中對應下丹田氣海腎宮帝君，主宰命。這三元、三宮、三寶，天地得到它們就能形成，失去它們就會傾覆；人身得到它們就能生存，失去它們就會死亡。所以《黃庭經》中說：全身的精神千萬要謹慎守護，不要輕易失去。因此要珍愛保護。又說：仙人道士並不是有什麼神奇，而是積累精氣才能成真。凡是學道的人，如果能夠運用精華，存想神氣，朝拜三元，堅持不懈地修煉，長久地這樣做，自然就能得到真正的道。所以聖人說：

心是駕馭精氣和神的關鍵，如果知道氣是主宰，就是得到了仙人的真諦。這說明存想的道法，都是通過心來駕馭的。

【解讀】

這段文字通過闡述「神升上界，朝拜高尊」的過程，強調了三丹田在修行中的重要性。修行者通過保精、養氣、愛神，調和元氣，最終使精氣神完備，達到升天的條件。

文中還指出，三丹田是天地和人體的根本，修行者需要珍惜和保護精氣神，通過存想和修煉，使心與精氣神合一，最終達到成仙的境界。這一過程不僅體現了道教的內丹修煉理論，也展示了修行者通過內修達到外應的修行路徑。

功滿德就，相感帝君。誦持不退，身騰紫雲。

【譯文】

當功德圓滿時，就能感應到帝君的降臨。持續不斷地誦讀而不退縮，身體就能騰飛在紫雲之上。

此明修道得果也。功滿八百，行滿三千。功行者，乃是修煉之功行也。學人若能行胎息之道者，日行八百，即可以升天，功行感應，自然升舉也。古德云：功圓行滿，升爲金闕之臣，獨步玉京之上道也。學人若能專守三宮，朝拜眞元，百節關府自然通泰，萬神和暢。相感帝君者，既存守三元，三元各有帝君也。誦持不退，則心念正道。謂誦持也。身騰紫雲者，內觀之道乃有正說。人有五臟屬於五行，人若修煉五行，眞炁傳於五臟，故爲實腹。五臟眞炁既成，自然屍解，出有入無，變化自在，存亡恍惚，此爲得道之中也。紫雲者，五行眞炁結成紫雲，乃是上天之誥命之炁。故凡得道之人皆乘紫雲而去，上升三境，朝拜太上高尊，以表得道人證於尊貴之貌也。

【譯文】

這段話說明了通過修道獲得成果的情況。要功滿八百，行滿三千。功行，指的是修煉的過程和行為。學習者如果能修習胎息之法，達到日行八百的境界，就可以升天，修煉的功德和行為達到一定標準時，自然就能升天。古代的大德曾說：當功德和修為都達到圓滿時，就能成為天宮中的臣子，獨自行走在玉京之上。修行者如果能專注於守護上、中、下三個丹田，並朝拜真元，那麼身體的各個關節和內臟就會自然通暢，所有神靈也會和諧愉悦。感應帝君，意味著在修煉過程中，心中存守著三元，而三元各自都有帝君守護。持續不斷地誦讀，意味著心中始終秉持著對道的信仰和修煉。修行者的身體能夠騰雲駕霧時，通過向內觀察自身可以找到正確的修煉方法。人體內有五臟，與五行相對應。如果人能修煉五行，使真氣在五臟中流轉，五臟就會充實。當五臟的真氣修煉成熟後，修行者自然能解脱肉身的束縛，就可以自由地出入於有形和無形的世界，變化自如，生死自在，這就是達到了道的境界。紫雲，是由五行真氣凝聚而成，象徵上天賜予的誥命之氣。因此，凡是得道之人，都能乘著紫雲升天，進入三境，朝拜至高無上的尊神，以顯示他們達到了尊貴的境界。

【解讀】

這段文字通過「功滿德就，相感帝君」的理念，闡述了修行者通過積累功德、修煉胎息、專守三宮等方式，最終達到昇華境界的過程。

文中強調了「誦持不退」的重要性，以及通過修煉五行真氣，使五臟充實，最終感應帝君，身騰紫雲，升入三清境界，朝拜太上高尊。這一過程不僅體現了道教的修煉理論，也展示了修行者通過內修達到外應的路徑，最終獲得自由與昇華。

古籍書局已出版書目

《漁樵問對》
古籍書局
定價：HK$58

《漁樵問對淺釋》
古籍書局
定價：HK$68

《觀物內外篇》
古籍書局
定價：HK$68

《村學究語》
古籍書局
定價：HK$68

《朱子讀書法六課》
古籍書局
定價：HK$68

《寒窑賦》
古籍書局
定價：HK$58

《王陽明傳》
古籍書局
定價：HK$78

《大醫問津》
古籍書局
定價：HK$88

《所有發生，皆為你而來》
古籍書局
定價：HK$78

《中國歷代政治得失》
古籍書局
定價：HK$280

《菜根譚》
古籍書局
定價：HK$280

《教子要言　教子圖說》
古籍書局
定價：HK$280

｜《黃帝外經譯註》
｜古籍書局
｜定價：HK$58

｜《養生導引術》
｜古籍書局
｜定價：HK$48

｜《中醫捷徑：醫學傳心錄》
｜古籍書局
｜定價：HK$48

｜《帛書道德經》
｜古籍書局
｜定價：HK$58

｜《老子清靜經》
｜古籍書局
｜定價：HK$48

｜《注音全本全注全譯道德經》
｜古籍書局
｜定價：HK$58

｜《太乙金華宗旨易解》
｜古籍書局
｜定價：HK$48